经典典藏房龙手绘插图版

航海的历史

〔美〕**亨德里克·威廉·房龙** 著

黄健 译

人民文学出版社

PEOPLE'S LITERATURE PUBLISHING HOUSE

图书在版编目(CIP)数据

航海的历史/(美)亨德里克·威廉·房龙著;黄
健译.—北京:人民文学出版社,2017(2021.4重印)
(经典典藏房龙手绘插图版)
ISBN 978-7-02-012698-9

Ⅰ.①航… Ⅱ.①亨… ②黄… Ⅲ.①航海-历史-
世界-儿童读物 Ⅳ.①U675

中国版本图书馆 CIP 数据核字(2017)第 080637 号

责任编辑:甘 慧 尚 飞 杨 芹
装帧设计:高静芳

出版发行　人民文学出版社
社　　址　北京市朝内大街 166 号
邮政编码　100705
网　　址　http://www.rw-cn.com

印　　刷　上海盛通时代印刷有限公司
经　　销　全国新华书店等

开　　本　890 毫米×1240 毫米　1/32
印　　张　4.375
字　　数　91 千字
版　　次　2017 年 10 月北京第 1 版
印　　次　2021 年 4 月第 3 次印刷

书　　号　978-7-02-012698-9
定　　价　49.00 元

如有印装质量问题,请与本社图书销售中心调换。电话:010-65233595

前　言

各位家长：

　　本书作为一本历史启蒙读物，并未打算将古代发生在格陵兰、冰岛或是美洲大陆的历史事件都写进去。我想透过这本小册子的故事告诉孩子们："亲爱的，历史故事是那么有趣，既让人陶醉又充满艺术的气息。它述说着人类为信仰而献身的勇气，为开拓未知世界而付出的艰辛。和人类祖先所经历的艰难困苦比起来，我们每天都为之心烦的琐碎小事显得那么微不足道。"

　　历史并非课本上排列的那些杂乱纷呈的大事件所发生的日期，也不是千篇一律的爱国故事；孩子们只有意识到这点，才能体会到阅读历史所带来的乐趣。这种体验带给孩子的并不亚于钢琴演奏或者诗歌朗诵所带来的高雅享受。历史学科的实用性并不强，那些专注于讲授实用性技术的新派教师们也许能成功地将历史这门学科排除在学校课程大纲之外。一些历史学家也跟着瞎折腾，他们把历史讲述得仿佛圣水一般让人无福消受。这些人就好似那些照着食谱依葫芦画瓢的厨子一样，从来做不出美味可口的布丁。制作布丁当然也需要基本而且科学的步骤和原则，但如果只是简单地将面粉、黄油、鸡蛋、葡萄干和肉桂混在一起便端上桌，那我们就只好礼貌地吃上一勺说："够了，谢谢！"然后赶紧再换一家好点的餐厅。

我不想唠叨个没完，还是开始讲述我的故事吧。让他们瞧瞧历史是否真的那么无聊。

亨德里克·威廉·房龙

康奈尔大学

1917 年 1 月 16 日

目　录

第一章

漂洋过海的古希腊人

从前，在一片阳光普照的美丽土地上，人类建造了许多寺庙，这里的人被称为古希腊人

多年以前，古希腊人居住在怪石嶙峋的希腊半岛以及周边的岛屿上。这里有着一段很长的海岸线，为古希腊人学习航海提供了便利。古希腊人勇于探索未知地域的冒险精神，让他们很快便学会了如何驾驶着小船，在地中海东部的爱琴海上乘风破浪；他们还在海里的小岛上建造了城市和村庄。他们很早就学会了如何使用武器抵御外敌的入侵。强大的波斯帝国无数次试图征服这片美丽的土地，但均以失败告终。无论在陆地还是海洋，古希腊的勇士们从四面八方赶往战场，不怕牺牲，抗击侵略者，保卫家园。

古希腊人曾是伟大的哲学家和数学家

在没有战争的时候，古希腊人专注于经营他们擅长的商业贸易。他们四处购买奴隶为自己工作。现代社会不存在奴隶买卖，但有钱人可以持有工厂的股份，让工人们为他工作，就好像当年的奴隶们为他们的古希腊奴隶主工作一样。另外，两千多年前的古希腊人比我们现代人更懂得如何打发闲暇的时光。他们觉得闲暇的娱乐就仿佛阳光一般，有的时候让我们感觉很温暖，而有的时候则需要在阴凉处躲躲——总之，娱乐活动不能太多也不能太少，否则生活就太单调乏味了。

古希腊人认为开动脑筋是特别重要的。通过不断实践，他们的逻辑推理能力越来越强。这样的推理能力是我们现在学习诸如九九乘法表之类的数学问题的基础。因此，他们特别擅长数学。古希腊的数学家们最先提出"三法则"①，并将之用于解决日常生活中的难题；由此，他们又逐步成长为善于思考的哲学家。直到今日，我们仍然在学习生活于两千年前的古希腊人的思考方式。

---

① 译者注："三法则"最早由古希腊先哲亚里士多德在《辩论法》一书中提出。他认为人们对"三"最为敏感，一般能记住并接受三件事情。因此，在辩论或者陈述中，需要有计划地把内容分为三个部分或者三的倍数。

古希腊人漂洋过海，发起了著名的特洛伊战争

俗话说，万事开头难。航海也是这样。对现代人来说，驾驶着马力强劲的远洋巨轮，依靠准确的导航，在波涛汹涌的大海上航行是再简单不过的事情了。可古希腊人驾驶着比渡轮还小的木船，仅仅依靠天上星星的指引就穿越爱琴海抵达了特洛伊城，还发动了对特洛伊人的战争[①]。这绝对算得上是丰功伟绩。这场战争的起因并不复杂：特洛伊的王子拐走了古希腊城邦斯巴达国王墨奈劳斯的妻子，于是斯巴达王带着全希腊城邦的军队去复仇。如果不是古希腊人写下了伟大的《荷马史诗》[②]，我们甚至都不知道发生过这样的事情。据史诗描述：希腊军队围困了特洛伊城长达十年之久，可特洛伊的城墙太高了，怎么都攻不进去。特洛伊人待在舒适温暖的家里，而可怜的希腊人只能在冰天雪地的海岸上暴跳如雷。最终，聪明的希腊人还是想到了办法。他们造了一匹巨大的木马，战士们就仿佛我们塞进南瓜囊里的糖果一样躲进了木马的肚子里。其他人则假装驾船回老家了。特洛伊人看到希腊人都走了，只留下了一个木马，还以为是和他们开的玩笑。于是他们将木马拖进了城。但是，等到晚上古希腊的战士们偷偷爬出木马的时候，这个玩笑就一点儿也不好笑了。

---

① 特洛伊城位于今土耳其西北的西沙利克。
② 译者注：《荷马史诗》相传为古希腊盲人荷马所著的叙事长诗。一般认为，这是吟游诗人们口耳相传的集体成果。

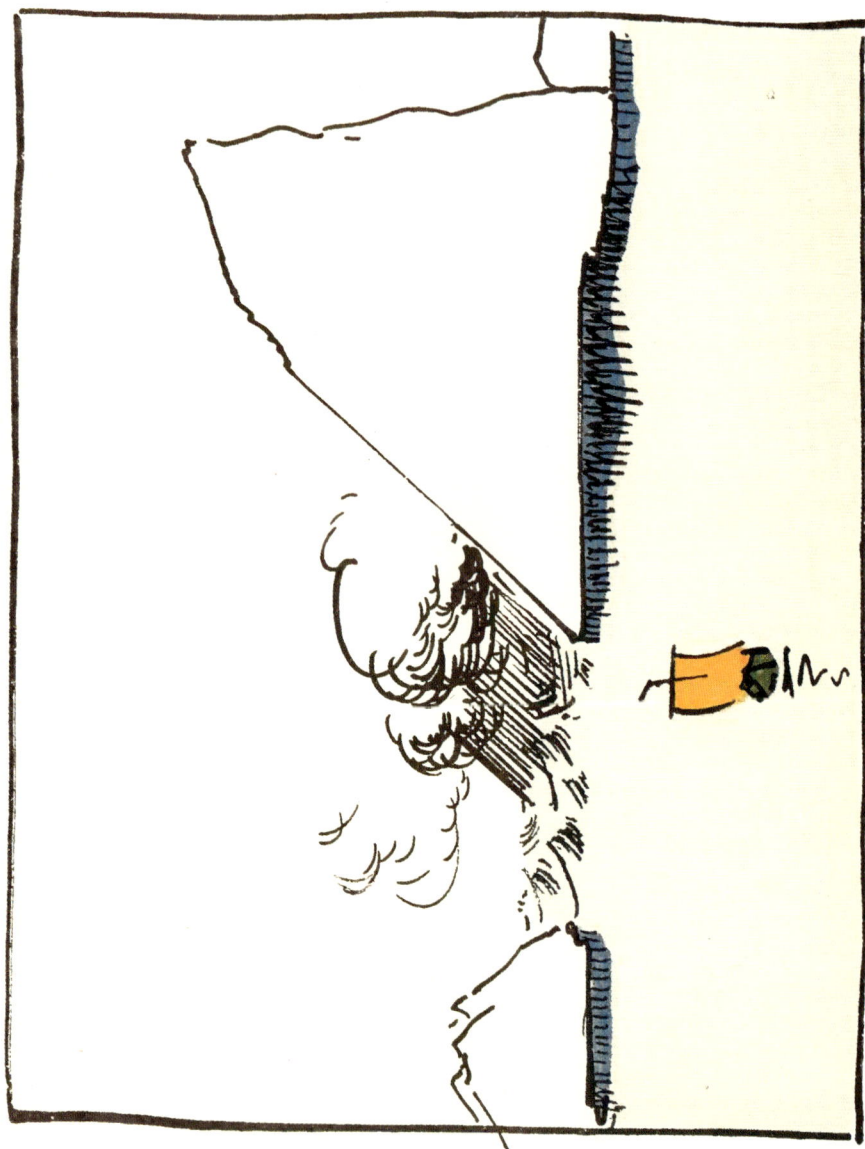

战后，古希腊人航海穿越了地中海

特洛伊战争并非古希腊的勇士们仅有的冒险经历。也许，你还想听听他们其他的故事。

古希腊的航海家们小心、谨慎地游遍了地中海的每个角落，甚至航行到了马尔马拉海①和遥远的黑海②。最终，在经过了几个世纪的海上冒险后，古希腊人穿越地中海来到了直布罗陀海峡③。

也许大家会问："他们穿过直布罗陀进入大西洋了吗？"答案是否定的，而且我也不知道具体的原因。很多年以前，腓尼基人④倒是冒险进入了大西洋还一直航行到了威尔士⑤。在那儿，他们可以买到金属锡来锻造青铜武器。古希腊人对锡矿没那么感兴趣，而且大西洋多雾多风暴的天气以及冰冷的海水令他们望而生畏。古希腊的船长们经常无中生有地述说大西洋上令人恐惧的轶事，比如，可以一口吞掉一艘船的巨大怪物。最终，这些以讹传讹的故事令他们只敢在地中海范围内航行。如果有一天，你碰巧在有风暴的天气在大海上航行的话，你会发现真实情况并没有古希腊人想象得那么糟。

---

① 马尔马拉海：亚洲小亚细亚半岛与欧洲巴尔干半岛之间的内海，是世界上最小的海。
② 黑海：欧亚大陆最大的内海，沿小亚细亚半岛和欧洲东南部分，因为水色深暗且风暴多而得名。古希腊人可穿过土耳其海峡到达黑海。
③ 直布罗陀海峡：位于地中海的最西端，是连接大西洋和地中海的门户。
④ 腓尼基人：一个古老民族，生活在地中海东部今黎巴嫩和叙利亚沿海。
⑤ 威尔士：位于英国的西南部，是大不列颠及北爱尔兰联合王国之一部分。靠近它的锡利群岛上盛产锡矿。

第二章

开疆扩土的古罗马人

> # 在古希腊的西边，是罗马人的地盘

古希腊人并非唯一世世代代生活在地中海沿岸的居民。他们的竞争对手是古罗马人。经过两千多年的岁月沉浮，现代的罗马人已经不再像他们的祖先那样热衷于征服世界，而是勤勤恳恳地做一些实在的工作，比如，修修铁路，推着小推车做点小生意。可在两千年前，古罗马人建立的帝国横跨欧、亚、非三大陆，是当时的文明世界。当然，最初的古罗马不过是一个小小的游牧部落。他们在台伯河畔①的小山上建造了一座小城。

在性格上，古罗马人迥异于古希腊人。他们建立了城邦后，开始大肆侵略周边的邻居，吞并别人的领土。古罗马人对创作优美的文学、悠扬的旋律以及创造恢弘的建筑都不怎么感兴趣。他们仅仅是聘请古希腊人为他们建造寺庙、谱写诗歌、演奏长笛。今天的美国就仿佛当年的古罗马人，聘请外国的歌剧演员、钢琴师、杂技演员和学校教师，而美国人自己却忙着造飞机大炮、桥梁隧道。

当然，古罗马人也有自己的长处。他们擅长法制和管理，而这一点大大地强于周边的邻居。

---

① 台伯河：意大利中部的一条河流，流经罗马城。

> 他们是伟大的士兵，他们的道路、
>
> 桥梁遍布了整个欧洲

古罗马的行政长官率领着古罗马的士兵四面出击，建立了一个庞大的帝国。这个国家历经沧桑，一直存在到我们的祖爷爷那一辈，华盛顿总统①去世后很多年都还存在着。

今天的欧洲，随处可见古罗马人曾经修的路，另外阿尔卑斯山的峡谷上架的桥，人工挖的运河，还有河畔筑的城，很多都是古罗马人的业绩。古罗马军团当年就是沿着这些道路和桥梁去征服一个又一个的城市，成为世界的霸主。罗马帝国的领土从现在德国的北部一直延伸到亚洲的巴勒斯坦地界。

在古罗马帝国庞大的疆域内，人民的生活和平而安宁，这里既无窃贼也无强盗。因为古罗马人不但擅长制定法律，还懂得如何收服人心。

---

① 华盛顿：美国的第一任总统。

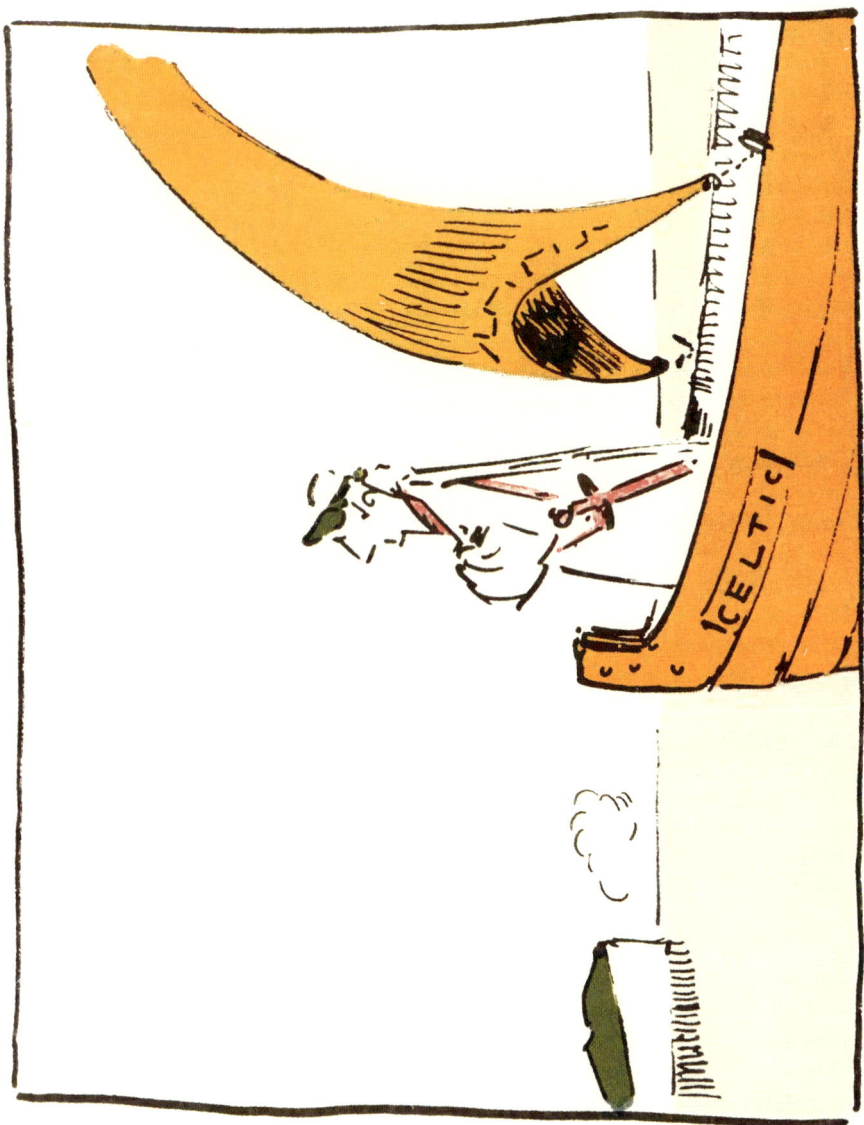

一位古罗马将军跨过英吉利海峡[①]，来到了英格兰

最终，古罗马军团到达了欧洲大陆的尽头。站在法国城堡高高的城墙上，他们望到了英吉利海峡对面美丽的绿色海岛，于是他们决定前往探索一番。公元前50年，一位将军组建了一支舰队穿过英吉利海峡登陆了英格兰。他曾带领远征军团打败过荒野之地野蛮的条顿人[②]。他的名字叫凯斯·尤里乌斯·凯撒。

凯撒将军带领军队穿过肯特郡[③]，发现了泰晤士河[④]，一路行军到达埃塞克斯郡[⑤]。然后，凯撒返回了罗马。可他的结局很悲惨。骄傲的凯撒野心十足，他希望成为广阔的罗马帝国的皇帝。但更在意公民权益的元老会成员并不赞同他的想法，最后他被人用匕首刺死。可他的名字被继承了下来。我们将那些能够统治着大片国土的国王尊称为"凯撒大帝"。德意志帝国和俄罗斯帝国也将"凯撒"作为皇帝的称号。

---

① 英吉利海峡：分隔欧洲大陆和大不列颠岛，并连接北海与大西洋的海峡。
② 条顿人：古日耳曼人的部落分支，曾穿越阿尔卑斯山侵略罗马帝国，但被罗马军团击败。
③⑤ 肯特、埃塞克斯：位于大不列颠岛东南部的城市。
④ 泰晤士河：英格兰境内河流，被称为英国的"母亲河"。

古罗马人建造了许多坚固的塔楼和城市

　　要说古罗马人对于军事和民生的管理方式，其实是简单朴素的。罗马军团每攻陷一个国家，就会选择一处交通便利的山头，建造一座坚不可摧的塔楼。无论高卢人①、英国人，或是条顿人，他们那简陋的弓箭是没有希望摧毁塔楼的。于是他们只好和罗马人签订一系列的不平等条约。他们每年都要向罗马人进贡，贡品有牛皮（为士兵做靴子的材料）、蜂蜜（那时候吃的"糖"）以及罗马士兵的军粮。作为这些贡品的回报，古罗马的将军们在统治这些被征服了的领土时，大多秉持公正。

　　当然，那么多总督里面，总有个别的坏人会利用职权欺负平民，中饱私囊。但绝大多数古罗马行政长官是好的。总督集市长、议会长官、警察局长以及会计、统计、测量局长等所有职权于一身。很多世纪以来，他们保证公平、伸张正义，为所辖的公民能过上平静愉快的生活而努力工作。

————————

① 高卢人：现代法国、比利时和荷兰等地的原住民。

日耳曼人的崛起，罗马帝国的毁灭

不知道是幸运还是不幸（我也不知道），这个世界上没有任何事物能永恒，罗马帝国也不例外。只要古罗马人能强迫自己努力工作，那么他们会一直都是强大的、有能力的统治者。但终于有一天，他们变得太过富裕而不再重视自身的工作。在工作上他们变得玩忽职守，把精力都转向追求娱乐活动。他们不再按时起床操练士兵，不再重视梳理管辖领地的账目；反倒是夜夜笙歌，第二天再睡到日上三竿。这当然是不可取的。神圣罗马帝国在一帮懒惰的贵族阶层的肆意放纵下轰然倒塌。我们生活在一个充满竞争的世界里，当一个人懒惰不再想着工作，而别人却越来越努力工作，那么早晚人家会后来居上，过上更好的日子。人是这样，国家也是这样。

公元 3 ~ 4 世纪，当强悍的日耳曼民族崛起时，再高的城墙，再坚固的城市也不能改变罗马帝国覆灭的命运①。一个国家，靠的不是兵强马壮，而是人民的智慧和勇气。

---

① 译者注：公元 3 世纪末，腐朽的古罗马帝国分裂为以君士坦丁堡为首都的东罗马帝国和以罗马为首都的西罗马帝国。帝国境内到处都是奴隶起义。最终古罗马城被日耳曼人攻陷。

THIS IS CHINA

HERE COLUMBUS LANDED

THIS IS JAPAN

THIS IS A NEW WORLD

THIS IS EUROPE

THIS IS ASIA

HOLY LAND

THIS IS INDIA

THIS IS AFRICA

N E S W

第三章

驶向大海深处的古挪威人

居住在北欧的挪威人

日耳曼人的侵略史是很有趣的，但我不打算在这里讲述。日耳曼人、哥特人①还有汪达尔人②等的侵略行为都和水保持距离，他们只在陆地上讨生活。除非迫不得已，否则没有人愿意经历那令人难以忍受的航海旅行。

而北欧人则必须出海。因此，我们将视线从先前与古希腊半岛有关的航海故事转移到斯堪的纳维亚③半岛的海岸线上来。斯堪的纳维亚半岛上既有高耸入云的山脉，也有深不见底的海湾。半岛上零星散布着一块块小小的草场，可以放牧一些牛羊。但一个古挪威大家庭靠着那少得可怜的牛羊可过不下去。因此，家里养不活的人口，如果是男孩的话，则必须离家独自谋生。如果是在现代社会，孩子们也许可以在大公司或者农场主那里找到一份工作，可那时的斯堪的纳维亚半岛上既没有大公司，也没有农场。不过，这里有大海。于是这里的年轻人只好在海上以抢劫为生。这份"工作"对他们来说绝对称得上是"海阔凭鱼跃，天高任鸟飞"。

---

① ② 哥特人、汪达尔人均属日耳曼部落的分支。
③ 斯堪的纳维亚：位于欧洲西北，临波罗的海和挪威海。半岛上有两个国家，分别是挪威和瑞典。

很快，维京海盗^①就横行在欧洲所有水域

古挪威人的船只样式我们都很熟悉。那些住在斯堪的纳维亚半岛上的都是野蛮人。如果有海盗首领死了的话，他们会将他的尸体连同武器一起火化，还会杀死几个奴隶殉葬。维京人认为死者的灵魂会升入瓦尔哈拉殿堂^②。他们会挖一个坑，将死者的随身物品以及生前驾驶的船只都埋进去，再在上面修一个封土堆。今天，挪威的考古学家发现了很多这样的封土堆，他们小心翼翼地清理出陪葬品和埋在土堆之下的船只。如果你去挪威的首都奥斯陆，就可以看到两艘这样的船。清理出来的海盗船让人印象深刻，不是因为它们很大，而是因为它们太小了。你会不由自主地对海盗们产生敬佩之情：他们居然敢于冒着生命危险，驾驶如此简陋的小船在大海上航行。普通的渔夫绝对不敢这么干。挪威人最远航行到黑海和北美洲的海岸。船上空间很小，仅有一个小木屋，类似于美国早期移民住过的那种。在海上风浪不大的时候，妇女和船长可以在里边小憩片刻。船是平底的，在夜晚很容易搁浅，这很危险。船上有一个木制的方向舵，士兵们的盾牌则挂在船的两侧用以抵挡敌人的箭矢。

---

① 维京海盗：北欧海盗对自己的称呼。vikingr 指在海湾中的人，而 wicing 是海盗的意思。因此在斯堪的纳维亚语中合成 viking 一词。

② 瓦尔哈拉殿堂：北欧神话中，主神奥丁接引英灵的殿堂。

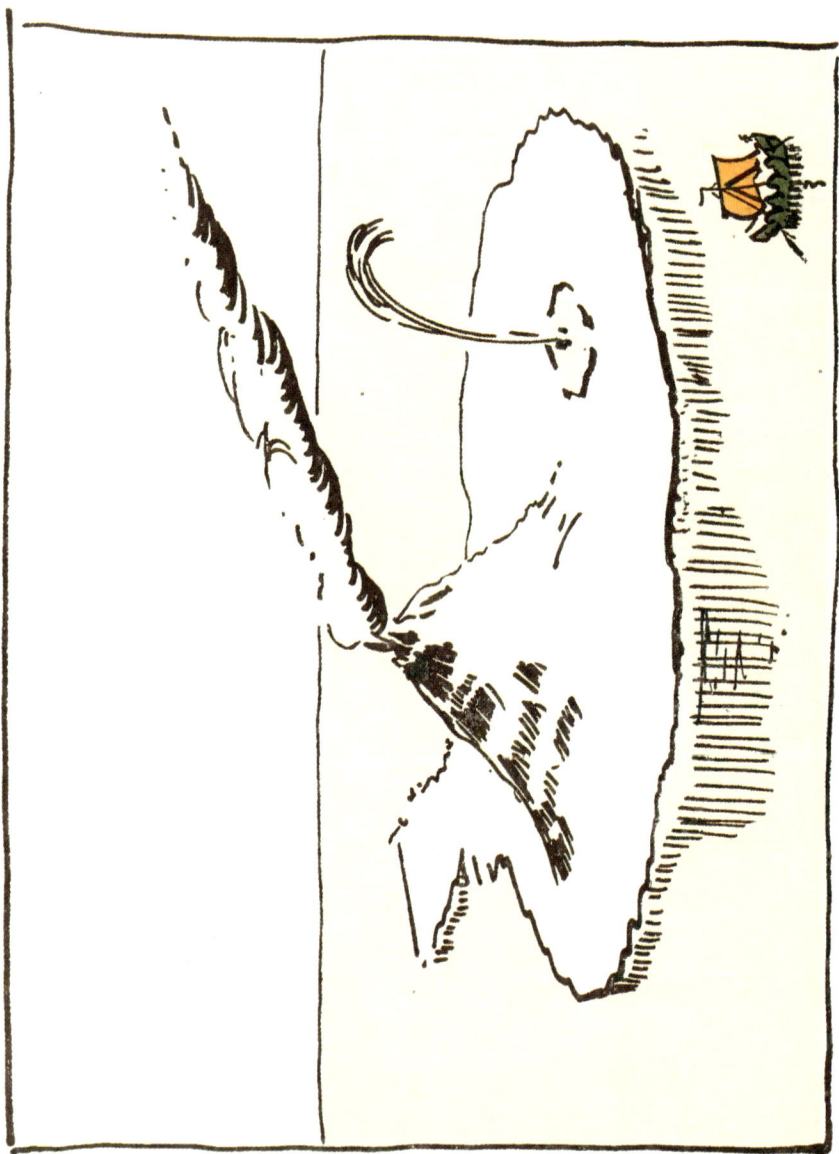

> 向西，古挪威人航行到了冰岛，
> 一座充斥着火山和间歇式喷泉的岛屿

至于古挪威人是如何统治法国、意大利和俄罗斯，如何征服英国，又是如何丰富了我们的语言，影响了我们的政治思想的，可以单独写成一本书。不过这要等到以后再说。现在，我们要讲的是航海的故事。必须强调的是，在海上，古挪威人敢于离开海岸线驶向大海的深处（而古罗马人和古希腊人是万万不敢的）。古挪威人一路向西航行并找到了北极圈附近的一座大岛——冰岛。其实叫"雨岛"更贴切，因为岛上雨水丰沛。这里土地肥沃，不算太冷。这都拜赫克拉火山 ① 和周围的温泉所赐。温泉经常会喷涌出大量的热水。

---

① 赫克拉火山：世界著名的活火山，被誉为"地狱之门"。火山为冰岛带来的地热让靠近北极圈的冰岛变得适宜人类居住。

很快就有人从斯堪的纳维亚移居到冰岛

　　新岛屿的发现对贫穷的古挪威人意义重大，就仿佛当年美国中部大平原改善了美国人民的生活一样。在荒芜的斯堪的纳维亚讨生活的古挪威人，纷纷移居到冰岛开始了新的生活。然而，早期生活在冰岛的挪威移民除了他们航海的勇气值得称颂外，还有其他卓越的成就。在这片土地上，古挪威人自由自在地生活着。在公元 8 世纪末 9 世纪初的几十年间，他们在岛上开垦农田、建立政府，还组建了市政商业中心，为岛上的自由民服务。他们称之为"冰岛国会①"，这项制度一直保留至今。当美国人在为实行了一百来年的美国民主联邦体制而沾沾自喜的时候，不要忘了冰岛人的议会制比美国早了一千多年，比哥伦布发现美洲新大陆还早了六百年。

---

① 冰岛国会：欧洲最古老的民众集会，现为冰岛议会。

公元983年，红胡子埃里克^①发现了格陵兰岛

在冰岛上定居了大概一百年左右，古挪威人继续向西航行冒险，并发现了格陵兰岛。长久以来，传说在冰岛的西边、大海的深处，矗立着一座绵延的山脉。贡比约恩^②，伍尔夫·克拉克^③之子，向岛上的居民鼓吹着他曾去这座山脉探索过，还公布了去那里的航海图。古挪威人是天生的探险家，而探险家们往往对未知充满了好奇。于是，公元982年，红胡子埃里克率领船队航行到了格陵兰这座可以比拟大陆的巨大岛屿。他们沿着格陵兰的海岸线航行了整整三年。公元985年，红胡子埃里克返回了冰岛。为了让大家愿意前往新的领地居住，他把这块岛屿命名为"绿色之岛"。这个名字意味着美丽的牧场和茂密的森林。于是，立刻就有二十五个家庭表态愿意前往这个新的"天堂"。二十五艘船出发了，有十四艘抵达格陵兰岛。后来又陆续来了些，最终在岛上建立了一个大型的聚集地。他们还为来自挪威王国的基督教传教士新建了教堂。直到今天，我们依然能在岛上看到聚集地的遗迹，甚至还有红胡子的故居。

---

① 红胡子埃里克：也被称为红魔埃里克，维京海盗、探险家。是他第一个发现格陵兰岛，并在岛上建立了斯堪的纳维亚人定居点。
② 贡比约恩：传说中首先探索到格陵兰的古挪威人，格陵兰岛的第一高峰就以此名字命名。
③ 克拉克：北欧神话中的传奇英雄。

公元 1000 年（很好记吧），勒夫，
红魔埃里克之子，继续向西航行

公元 1047 ～ 1076 年，当时的丹麦王国处于斯万二世阿斯特里德松统治时期，从德国不来梅来了一位叫亚当的人。他在哥本哈根研究一起重大历史事件：挪威人发现了一个名叫文兰的新大陆①，又称之为"草原之国"。有人声称去过那里，并声称那是一片肥沃的土地，盛产野葡萄，可以用来酿酒或制作葡萄干。1595 年，亚当的研究成果在汉堡出版。研究成果解释了人类航海史上最令人疑惑的问题：究竟谁最先发现了美洲大陆？根据丹麦和挪威学者严谨的研究表明，古挪威人比哥伦布早几百年发现了美洲大陆。他们在那儿建立的名为新斯克舍②的聚居点就是证据。

为何我们对此知之甚详？因为冰岛人对于知识和研究都非常重视，岛上人人都能读会写，几个世纪过去了，人们依然可以讲述那些古老的故事。对他们而言，将故事记录下来并非唯一的方式，那些伟大的冒险者的故事通过一代代的口口相传，同样可以流传下来。在冰岛，关于红魔之子勒夫和他的"文兰航海之旅"的故事，就是这样成为妇孺皆知的故事的。

---

① 译者注：《文兰地图》最初由一位美国书商购得。地图上绘制着类似北美大陆样式的被命名为文兰的"新大陆"。可这是一起历史疑难事件。地图据说由维京人勒夫绘制，被耶鲁大学重金购得。地图上绘制了欧洲大陆、冰岛以及北美洲东大陆。可有研究表明绘制地图的墨水是 1923 年才发明的颜料。另外，对纸张的碳同位素测定显示，纸张源于 15 世纪中叶。由此，关于地图的真伪造成了很大争议。这两项研究始于上世纪 70 年代，而房龙在 1944 年去世，因此，在本书出版的年代，历史学家们普遍认为是古挪威人首先发现了美洲大陆。

② 新斯克舍：加拿大一个行省的名称。

最终，勒夫看见了陆地，那就是美洲的海岸

据浩克·额伦德森在公元 1310～1320 年所著的《萨迦》[①]一书中描述，红魔之子勒夫是第一批在格陵兰岛安家的居民之一。公元 999 年，勒夫回到了父亲的故乡挪威，觐见国王奥拉夫一世。赤膊王[②]很喜欢这个来自西方的年轻人，鼓励他成为基督教徒并让他回去向自己的子民传播福音[③]。勒夫也应允了。公元 1000 年他辞别了国王，启程返回家乡。在怒吼的大海上飘荡了数月之后，勒夫终于看到了陆地。他以为回到了格陵兰岛，可结果却发现大陆上没有格陵兰岛上的那种高耸的大山，这里平坦得一望无边。在岸上生长着许多野葡萄藤（究竟是野葡萄藤还是可以酿酒的野莓藤，我们不得而知）。在沿着海岸线又航行了几周后，勒夫终于回到了格陵兰岛上的村子。他向人们讲述了这片神秘的大陆。他的弟弟索尔斯坦对此相当好奇，决定前去探索一番。可他没能找到那片大陆，回家不久便郁郁而终。他的遗孀格瑞德很快又嫁给了一位叫托尔芬的冰岛人。托尔芬决定凭借勒夫的地图继续探索新大陆，在公元 1003 年，他带着四艘船、一百六十人的船队向西进发。

---

① 《萨迦》：描述古挪威和冰岛英雄事迹的长篇故事。
② 赤膊王：奥拉夫一世的别称。
③ 福音：基督教中耶稣为其门徒传播教义的话，多著于圣经新约。

> 几年后，古挪威人开始向新大陆迁徙，
> 这就是后来的新斯克舍

托尔芬找到了勒夫曾经提到过的神秘大陆，并在那里建立了一个小小的定居点。这里的气候温暖怡人，冬天少有风雪侵袭，一年四季都可以放牧。

古挪威人在那里开垦土地，种植小麦，从野地里采摘莓果或野葡萄用以酿酒。显然，和被迫在贫瘠的格陵兰岛上生活的人们相比，这里仿佛才是真正的人间天堂。

托尔芬与格瑞德在这里生了个孩子，取名史诺里。

这里有茂密的树林，古挪威人可以砍伐足够的树木来造船。总的来说，假如没有土著人侵扰的话，他们建立的小村子也许会发展成一个新的挪威殖民地，也许今天的美国人会讲冰岛语而非英语。我们不能确定这些土著就是印第安人，根据《萨迦》一书中的描述，他们应为爱斯基摩人[①]。书上是这样描述的："一天清晨，有许多人驾驶着独木舟从海上驶来。他们面相凶恶，皮肤黝黑，脸颊很宽，头发又长又油腻。"

不久之后，这些不速之客就离开了，但是第二年又会前来侵扰。

---

① 爱斯基摩人：分布于北极圈附近的原住民。

> 爱斯基摩人驾驶独木舟不断侵袭挪威人的村庄，
> 试图赶走这些殖民者

战斗爆发了。毫无疑问，古挪威人的武器装备要精良得多，可爱斯基摩人胜在人多势众。村子一直受到爱斯基摩人的威胁，因此，托尔芬决定带着大家回到格陵兰岛。公元1006年秋，他们回到了格陵兰岛。第二年托尔芬独自返回了冰岛。在那儿，生活着他的同宗亲戚，其中便有浩克·额伦德森，就是他记录了大量祖辈航海冒险的故事。

我讲述的这些故事都是有根有据的真实历史事件。至于还有没有其他古挪威人冒险去过文兰，我们就不得而知了。有的历史学家认为他们还到过拉布拉多和纽芬兰岛[①]。这也很有可能。据说，格陵兰岛上的大主教[②]在公元1123年曾出发去探索文兰，但后来就没有了他的消息。他是否活着抵达了北美大陆，还是误入北冰洋被冻死了？我们不得而知。不过，几年前有人发现有一族爱斯基摩人具有白人血统，这一点似乎可以证明曾有古挪威冒险家抵达过美洲大陆，因为没有办法再返回家乡，他们只好融入到还处于半原始状态的土著爱斯基摩人部落中。

---

① 拉布拉多和纽芬兰岛：今加拿大西北部的两个行省，隔海相望。
② 大主教：由基督教教宗任命的掌管各地教区的高级圣职人员。

41

> ## 公元 1448 年后再也没有格陵兰岛的消息，
> ## 它被人遗忘了

　　靠近北美大陆的格陵兰岛上的人们，遭受了和文兰移民相似的命运，他们被遗忘了。至于原因，我们不是很清楚，估计与在中世纪末期北欧地区肆虐的黑死病①有关系。太多的人感染鼠疫身亡，所以不再有人去海外殖民地了。再者，把格陵兰岛视作私人领地的挪威国王并不擅长管理如此遥远的领土。格陵兰岛上的定居点必然会逐渐衰败。岛上的主教们发现人口越来越少，纷纷返回了冰岛和挪威。能走的都走了，身体虚弱、懒散贫穷走不了的只能留下来，最终被爱斯基摩人消灭。

　　"格陵兰岛"这个词最后一次出现，是在公元 1448 年罗马教皇②尼古拉斯五世的一份手稿中。之后的一百年间，格陵兰岛被欧洲人遗忘了。直到 1585 年，约翰·戴维斯才再次发现此地。但直到 17 世纪，人们才开始像当年的古挪威人那样探索开发格陵兰。目前，格陵兰岛属于丹麦，岛上有 6 个贸易站。这里是全世界唯一使用爱斯基摩语为官方语言的地区。

---

① 黑死病：鼠疫的别称，因患者会长出青黑色的疱疹而得名。在 14 世纪中期肆虐欧洲，造成整个欧洲大约三分之一到一半的人口死亡。

② 罗马教皇：普世会最高教长的俗称，在中世纪的欧洲，地位相当于中国的皇帝。

第四章

大航海时代的前夕

> 愚昧的中世纪船长们因为迷信大海上的怪兽，
> 致使航海探险活动停滞

在中世纪，航海探险活动停滞了。那时的欧洲人大量涌入欧洲西部未开发的荒芜之地，就好像 1849 年的美国移民涌入西部平原一样。他们把精力都花在建设新的家园上，而不再去远航。当然，也有些其他原因。中世纪早期的航海技术非常简陋。古挪威人征服欧洲的航线也只是沿着海岸而行。如果离开海岸线，航行就只能靠运气。偶尔能够到达目的地，但多数时候都会在海上迷失方向。

12 世纪早期，指南针从中国传入欧洲。但当时制作的指南针并不精确。直到 1400 年指南针才被广泛应用。水手们主要是依靠天上的星星来辨别方向。在北海海域，由于多雾，船长们根本无法确认航线。在陆地上，旅行者通过天文观测来确定方位倒是相对容易些。可在波涛汹涌的大海上，靠着帆船上安装的简陋星盘①，人们的航海旅途充满了危险。

---

① 星盘：古代天文学家、占星师和航海家用于天文测量的重要仪器。主要用于定位太阳、月亮、金星和火星的位置。可测算当地的经纬度。

> 人们认为地球是平坦的正方形，
>
> 掉下去了可不得了啊！

　　船长们不敢出海远洋可不仅仅因为害怕偏离航线或者触礁之类的危险，对于未知的恐惧也是原因之一。人们错误地以为地球是平的，如果航行到大海的边缘，就会哗……

　　哗……

　　哗……

　　哗……

　　哗啦啦啦啦啦！

　　……掉下去，再也回不到地球上来了。这听起来好像挺逗的，但中世纪的水手们的的确确很害怕大海上那种孤寂的黑暗，感觉就仿佛小孩子独自一人走入黑漆漆的房间。一头紧跟其后的鲸鱼就能吓趴最勇敢、最有经验的老水手。天真的海豚如果跑来和水手们比赛速度，同样会造成恐慌。夕阳西下时，阳光倒映在波光粼粼的海面上的图景，在水手们眼里却是可怕灾难的预兆。

> 在很长一段时期内，人们对地理学一无所知

在古代，人们幻想这个世界上既有善良的神灵也有邪恶的魔鬼。各种各样的自然现象都被他们归于神迹。

愚昧的人们对于未知的恐惧，深深影响了当时的航海事业。人们在与看得见、摸得着的邪恶敌人战斗时，表现得非常勇敢，可对大海或者天空中发生的未知自然现象则敬而远之。直到 15 世纪，葡萄牙王子亨利[①]才逐渐打消了人们对于远洋航行的恐惧。亨利是位伟大的航海家，他的航海生涯所创造的丰功伟绩堪比当年（9 ～ 11 世纪）的古挪威人。

公元 1100 ～ 1400 年，这三百年堪称航海史上的黑暗时期。

---

① 译者注：葡萄牙亲王亨利被世人尊称为"航海家亨利"。他建立航海学校，支持人们出海远征。他资助的船队曾沿大西洋向南航行，远征非洲西海岸，掠夺当地黑人、黄金和象牙。

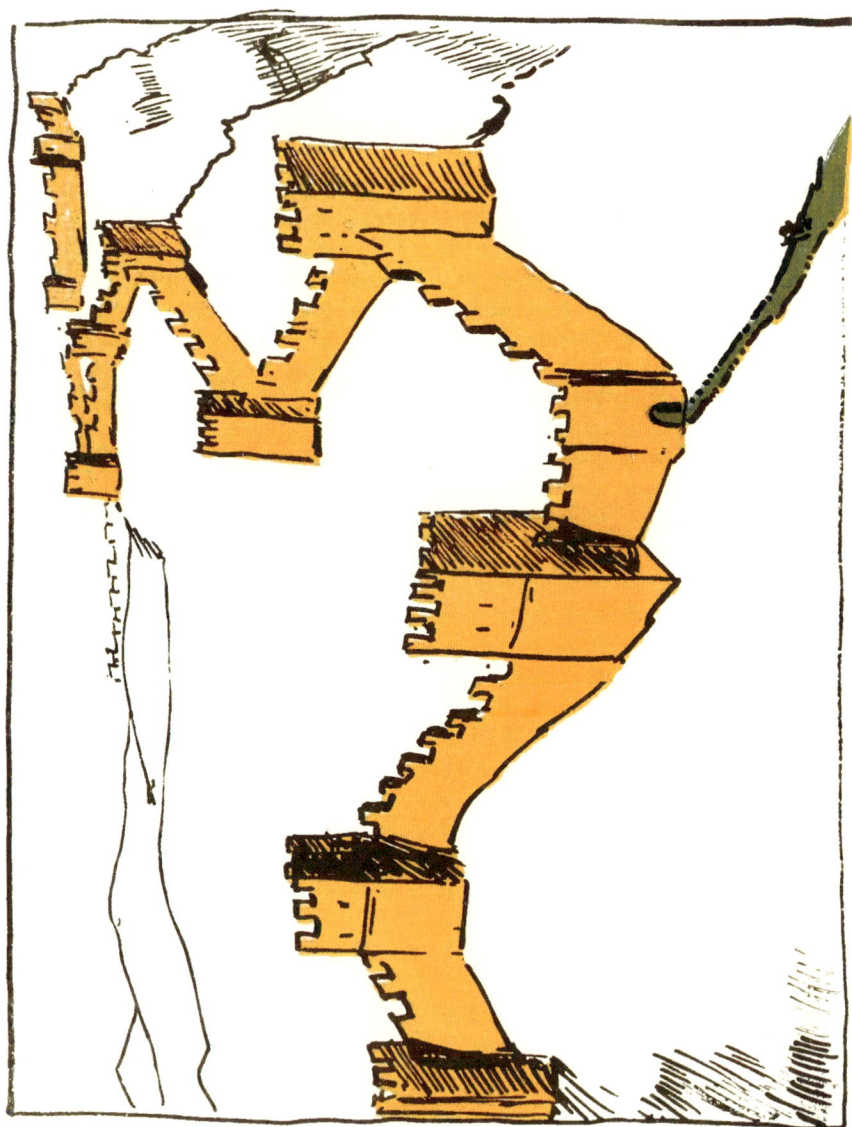

> # 13 世纪下半叶，
> ## 威尼斯探险家马可·波罗找到了中国

　　欧洲人并非没有好奇心，只不过他们选择了陆地探险而非出海远洋。作为旅行者，他们有过好几次伟大的远行，足迹遍布亚洲和非洲的北部地区。

　　那么多的旅行者中，来自威尼斯的马可·波罗是最有名的一个。

　　马可·波罗生于 1254 年，享年七十岁。他出生的时候，父亲和叔叔们都不在身边。他们在中亚地区做贸易。在那里，他们遇见了元朝皇帝忽必烈。忽必烈邀请他们前往中国。于是，1271 年，他们带着年轻的马可·波罗向东出发，途经巴格达、霍拉桑、喀什噶尔、莎车 ① 等城市，穿越了罗布泊那广阔无边的戈壁滩。历经四年的艰苦旅程，他们终于到达了上都 ②。鞑靼人部落的首领很喜欢年轻的马可·波罗，建议他向南继续进发。之后，马可·波罗独自穿越昆仑山脉，到过云南、缅甸、安南 ③ 和印度。读者们最好在地图上勾画一下马可·波罗走过的路，这样才能对他的伟大壮举有所了解。

---

① 巴格达、霍拉桑、喀什噶尔、莎车：城市名称，分别位于伊拉克、伊朗和中国新疆。
② 上都：元朝首都之一，在今天的蒙古自治区锡林郭勒大草原上。
③ 安南：越南古称。

中国人信仰着"古怪的上帝"①

马可·波罗曾在中国扬州任职地方官员三年。后来，他从海路返回了欧洲，途经苏门答腊岛②、印度和波斯③。1295年他回到了威尼斯。他离家太久，家里人都认不出他来，还以为他是个江湖骗子。后来他们还是认出了马可·波罗，并让他讲述在中国的所见所闻。而此时，威尼斯和热那亚④的战争爆发了。马可·波罗被任命为威尼斯舰队指挥官，在库尔佐拉⑤战役中他被俘虏。为了打发被囚禁的苦闷日子，他写下了《马可·波罗游记》。根据这些史料，我们才得以准确地了解在中世纪时期古代中国和印度的历史。

马可·波罗没什么写作天赋，他的手稿晦涩难懂。但其中提到了大量当时的西方人闻所未闻的地理和历史资料。

游记中记载了前往亚洲的完整旅行线路，我们从中还能了解到许多早已消失在历史长河中的古代王国。

---

① 译者注：中世纪的中国人主要信奉佛教。佛教神灵与欧洲人信奉的基督教上帝区别很大。
② 苏门答腊岛：世界第六大岛屿，位于印度尼西亚。
③ 波斯：伊朗的古名。
④ 热那亚：今意大利热那亚，当时为一小城邦。
⑤ 库尔佐拉：位于今克罗地亚的一座古城。

他们居住的城市金碧辉煌，到处矗立着高塔

几年前，托英国探险队的福，我们才得以对中国西藏有所了解。而马可·波罗多年前就在游记中详细记载了暹罗[①]、缅甸和安南等地的人文地理，其中还仔细描述了爪哇、锡兰、苏门答腊[②]和日本岛的具体位置。不止这些，马可·波罗还访问了所有他在旅途中遇见的人。于是游记中还记录了诸如西伯利亚犬与爱斯基摩犬的区别，以及他听说过的非洲东部的阿比西尼亚、东海岸的马达加斯加岛等，这些地方几百年后才被欧洲人发现。

在本书中，我无法将中世纪所有伟大的探险为你一一讲述。你可以买一本关于马可·波罗历险的书来了解更多的历史故事。别去图书馆借，买一本便宜的也行。存几本可随时取阅的好书，像对待好朋友一样对待他们。没什么比这更美妙的了。

---

① 暹罗：泰国的旧称。
② 爪哇、锡兰、苏门答腊：均为东南亚岛屿。其中，爪哇岛与苏门答腊岛属印度尼西亚，锡兰则为今天的斯里兰卡共和国。

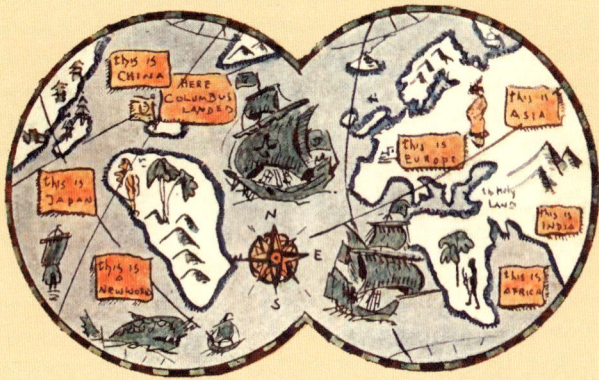

第五章

大航海时代的来临

葡萄牙的亨利王子，西方第一位有学问的航海家

将远洋探险航行彻底发展为一门科学，要归功于一位葡萄牙王子。他叫亨利，父亲是葡萄牙国王若奥一世，母亲是菲利帕王后（冈特的约翰①之女）。亨利王子沿非洲海岸线取得了巨大的航海成就。如果没有他的这些航海发现，后人根本到不了美洲大陆。如果仔细研究地图就能发现，在非洲海岸线向西深入大西洋几百英里，有很多的小岛。这些岛都是在 14 ～ 15 世纪被发现的。其中最重要的一个是亨利王子在 1418 年发现的，它成为最初向西前往美洲大陆的跳板。

亨利王子生于 1394 年，享年六十六岁。作为当时最伟大的航海家，亨利建立航海学校为年轻人提供航海训练。他还设立了天文观测台，僧侣们在此绘制的星图能有效地帮助船长们在大海中辨明方位。

总的来说，同哥伦布一样，亨利王子是航海史上最伟大的人物之一。

---

① 冈特的约翰：英格兰国王查理二世的叔叔，当时的英格兰摄政亲王，出生于法兰德斯的冈特（今荷兰的根特）。当时的贵族常常以出生地作为其称呼，因此称其为冈特的约翰。

哥伦布的诞生

在约公元 1446 年至 1451 年间的某个时刻，克里斯托弗·哥伦布出生在热那亚，他原名克里斯托巴尔·科伦，是家里的老大。父亲叫多米尼克·哥伦布，母亲叫苏珊娜·丰塔纳罗莎。哥伦布早年的经历以及他们家里的情况，我们不太了解。在意大利语中，哥伦布这个姓在亚平宁半岛很常见，在意大利语中是"鸽子"的意思。在那些又厚又老的古书中记载了许多姓"哥伦布"的人的生平，我们无法得知哪一个才是我们想找的"哥伦布"。有人曾声称哥伦布是法国人，或者是爱尔兰人，或者犹太人。其实，他是哪里人、叫什么名字真的一点儿也不重要。可像哥伦布这种坚强又勇敢的人实在太少了，我们真的希望对他有更深的了解。对普通人来说，待在老家干些平凡的工作实在是再正常不过的事，可哥伦布却决定出海远洋探险。因为这个决定，他到哪里都被人嘲笑与谩骂，就连最睿智的人都声称他是个江湖骗子。可最终他发现了新大陆，开辟了新航线。

> # 从小，哥伦布就在帕维亚大学 ① 学习天文、地理及宇宙论

哥伦布的儿子斐迪南德曾撰写过他的生平。据其所述，哥伦布还在孩提时代便被送往著名的帕维亚大学学习数学、天文学及宇宙论（这一点值得商榷 ②）。宇宙论是描述宇宙运行的一门科学，主要讲述世界的构成与运行规律。

那么小的孩子去读大学，你一定会觉得奇怪。可在过去，孩子们从小就被逼着努力学习。哥伦布也不例外。他所学的知识对他出海远洋帮助很大。他能在夜晚辨别天上的星辰，在海图上定位航海路线，他甚至能独自绘制航海图，并且对洋流、信风以及潮汐变化都很了解。这些知识在航海中都很实用。哥伦布的成就可不是撞大运得来的。他是一位对待学问一丝不苟的科学家，而且他对航海理论的研究取得了突破性的进展。之后，他决定将他的理论研究成果付诸实际行动，来验证其研究的正确性。

---

① 帕维亚大学：位于意大利帕维亚市，成立于 1361 年。
② 译者注：作者房龙对斐迪南德的著作内容是否夸大持怀疑态度。

哥伦布造访了地中海东部海域的土耳其海港

　　十六岁的哥伦布上船当了一名侍者，并历练了船上的各个岗位。他几乎游遍了地中海的所有港口。他曾去过好几次希俄斯岛①，据说还花了好几个月的工夫在那里考察古希腊遗迹。据猜测，哥伦布最远曾到过当时已经处于土耳其人统治下的君士坦丁堡②。那里距离美洲大陆可有几千英里远。然而，不经意间，这座城市在哥伦布发现新大陆的故事中却扮演着不可或缺的角色。在 15 世纪中叶，来自亚洲的货物必然先运往拜占庭帝国③的首都，再由此转运至威尼斯、热那亚及欧洲的其他地区。土耳其人占领这里后，欧洲与东方的联系就中断了。因此，欧洲人急需重新开辟一条能通往印度和中国的贸易线路。这个想法一直萦绕在哥伦布的脑海里。他坚信有一片广阔的大陆连接着欧洲与亚洲的东海岸。事实上，直到 1506 年他去世都没能弄清真相。他还以为他发现的只不过是西班牙通往中国航线上的几个小岛。终其一生，他都没能真正找到中国和印度。

---

①　希俄斯岛：爱琴海上的希腊海岛。
②　译者注：君士坦丁堡，拜占庭帝国的首都，后被土耳其人征服。
③　拜占庭帝国：由古罗马帝国分裂而来，又称东罗马帝国。

公元 1477 年 2 月，哥伦布航行到了冰岛

哥伦布曾沿欧洲和非洲西海岸航行过好几次，为他西进发掘通往印度的航海线路做准备。1476 年夏，他加入热那亚人的船队出发前往英格兰。他们航行穿过直布罗陀海峡^①后，在圣文森特角^②遭遇了法国海盗的袭击，有两艘船被击沉。另外两艘安全地逃到了里斯本^③。在里斯本哥伦布认识了很多从亨利王子开办的航海学校毕业的水手。同年 12 月，他出海造访了英格兰。据说他去了布里斯托尔和戈尔韦^④。当时英格兰人已经与冰岛通商多年，因此哥伦布很有可能在那里听到了关于世界尽头^⑤的传说。1477 年，他又启程前往冰岛寻求更多关于世界尽头的线索——格陵兰岛与文兰的传说在冰岛仍流传很广。冰岛当时的历史学家们撰写了许多关于神秘的世界尽头的著作，这些著作都表明在北极圈内确实有适宜人居住的荒野之地。同年，哥伦布返回了葡萄牙。

---

① 直布罗陀海峡：地中海通向大西洋的门户，位于伊比利亚半岛与非洲北部之间。
② 圣文森特角：位于伊比利亚半岛的西南边，在葡萄牙境内。
③ 里斯本：葡萄牙首都。位于圣文森特角附近。
④ 布里斯托尔和戈尔韦：分别是英格兰与爱尔兰的港口城市。
⑤ 世界尽头：古代冰岛人对格陵兰岛和文兰的称呼。

西班牙国王赶走了摩尔人 ①

　　1478 年，哥伦布与巴塞洛缪·佩雷斯特罗之女菲利帕·莫妮兹·佩雷斯特罗结婚了。巴塞洛缪曾服役于亨利王子的舰队并担任船长，而后担任圣港岛 ② 的首任执政官。佩雷斯特罗家族的人脉资源相当丰富，连里斯本大主教都是他们家的亲戚。

　　哥伦布早期的经历和婚姻让他获益匪浅。他从他岳父那里学到了很多航海知识与经验，还造访了老佩雷斯特罗曾经当执政官时的朋友。通过他的表亲里斯本大主教的关系，进入了皇家天文学院进修。在知识的不断积累中，他越加肯定向西深入大西洋，一定能发掘出一条通往印度的航线。

　　哥伦布的航海理论知识已经准备很充分了，可落实到实际行动上呢？面对如此危险的远洋探险，他上哪儿去找船、水手和资金？哥伦布求助于葡萄牙国王若奥二世，向他阐明了自己的想法。国王就此事咨询了地理学家协会。可他们建议国王不要理睬哥伦布，而是继续按照航海家亨利的想法，沿非洲海岸线寻找前往印度的航线。

　　于是哥伦布考虑去邻国西班牙寻求帮助。

---

① 　摩尔人：阿拉伯人的分支，信奉伊斯兰教。公元 8 世纪上半叶入侵伊比利亚半岛，并占领了半岛的大部分地区，直到 15 世纪才被西班牙人赶走。
② 　圣港岛：葡萄牙殖民地，位于北非。

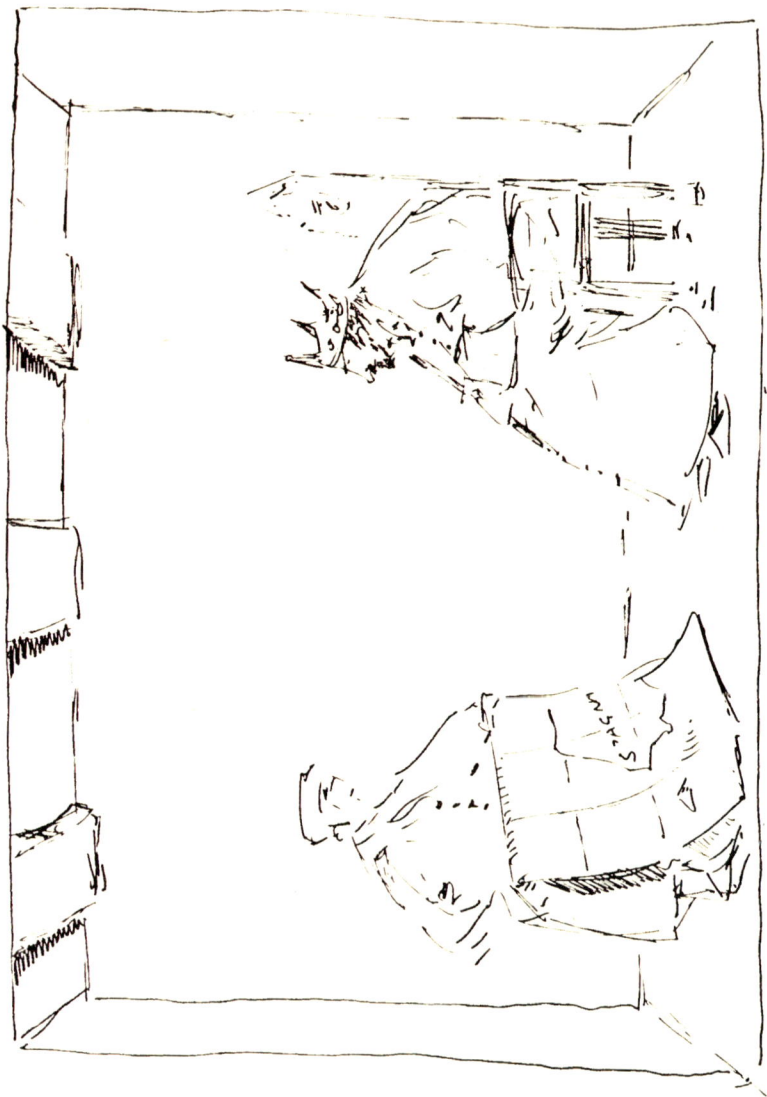

Somebody took my match to light his pipe. I must use my pen knife to get another box of matches.   T. v. b.

斐迪南国王耐心听取了哥伦布的计划

西班牙国王斐迪南此时正在清缴国内残余的摩尔人势力。斐迪南一生都在为堆砌个人的荣耀而努力。

哥伦布在里斯本过得并不如意。当时他的妻子去世了，生活也不宽裕。他独自带着小儿子迭戈，靠为别人画航海图维持生计。最终他决定离开葡萄牙移居西班牙。随后的几年，他居住在梅迪纳·塞里公爵那里，塞里公爵对他的计划很感兴趣。

通过塞里公爵，哥伦布将他的航海计划献给了斐迪南国王和伊莎贝尔女王。国王和女王对航海事务一窍不通，于是他们咨询了伊莎贝尔女王的告解神父[①]。这位无知的神父认为哥伦布的计划完全行不通。他想当然地认为：就算大地是圆的（这一点当时并不被人们认同），那船航行到圆球的下方不就掉下去了吗？这个计划简直就是浪费钱。他建议国王不要支持这个热那亚人[②]的航海冒险。哥伦布很绝望并准备离开西班牙。就在他准备前往法国或者英格兰的时候（他自己也不知道该去往何方），西班牙红衣大主教佩德罗·冈萨雷斯·德·门多萨[③]听闻了这位航海家的计划，他为哥伦布提供了帮助。

① 告解神父：一种牧师的职位。告解是天主教的一种仪式，信徒在牧师面前忏悔自己的罪过，以求得到天主宽恕，并得到牧师的信仰辅导。
② 译者注：这里的热那亚人指代哥伦布。如此称呼，显示出当时西班牙人的排外情结。
③ 红衣大主教佩德罗·冈萨雷斯·德·门多萨：当时西班牙红衣主教兼外交官。此人对斐迪南国王与伊莎贝尔女王影响深远，在当时号称"西班牙第三国王"。

> 1492 年 8 月 3 日，哥伦布率领由三艘船组成的
> 舰队出发了

1492 年 1 月 2 日，斐迪南国王攻占了摩尔人在西班牙的最后一个据点格拉纳达。同年 3 月，国王命令帕洛斯城为"热那亚水手克里斯托巴·科隆"（当时西班牙人对哥伦布的称呼）建造两艘大帆船。哥伦布终于有了自己的船。可上哪儿招募水手呢？没人愿意冒着生命危险追随哥伦布，陪他出海寻觅那虚无缥缈的通往中国或者古日本的航线。就连国王和女王都没什么信心。最终是靠着帕洛斯城的两位富商的帮助，这次远洋才得以成行。他们是马丁·阿隆索·平松和文森特·扬内兹·平松。他们为哥伦布提供了足够的资金支持，使得船队在 8 月初得以准备妥当。哥伦布作为舰队总司令指挥圣玛利亚号，排水量 100 吨，载 52 名水手。另外还有两艘轻型帆船：平塔号，排水量 50 吨，载 18 名水手，由马丁·平松指挥；尼娜号，排水量 40 吨，载 18 名水手，由文森特·平松指挥。这些水手大多数都桀骜不驯，想跟着去碰碰运气。哥伦布却对此次航行充满信心。1492 年 8 月 3 日，星期五的清晨，舰队离开帕洛斯港出发了。

船队很快驶入"咆哮西风带"①

船队先航行去了加那利群岛②，尼娜号不得不在那儿维修。因为哥伦布知道有三艘葡萄牙的军舰在海上拦截他们，所以一路指挥船队快速航行。当时的葡萄牙人控制着前往印度的航线③，垄断了这条航线上的海上贸易。他们可不希望哥伦布往西再发现一条航线与他们竞争。为了躲避葡萄牙舰队的追捕，哥伦布的船队很快驶入了气候恶劣的"咆哮西风带"。船队出发没多久，水手们就开始发牢骚，表达对哥伦布的不满，指责他是一个只顾自己的贪婪的冒险者，认为哥伦布应该将航海所得的利润分一部分给他们。在出征前，哥伦布与西班牙国王曾签署过协议④：航海中所有收益的十分之一归哥伦布所有，并任命哥伦布为航海中所发现的所有土地的总督及"海军元帅"。

① 咆哮西风带：又称南半球西风带，是南纬 40°～50° 之间环地球的低气压带。在欧洲中世纪的大航海时代，这里常年的大风为航海家远洋探索、开发前往东印度群岛和澳大利亚的航线提供了巨大帮助。
② 加那利群岛：位于非洲西北海域，距离大陆仅不到 100 公里。
③ 译者注：葡萄牙航海家达·迦马开辟了从欧洲出发绕过非洲最南端好望角，进入印度洋再通往印度的航线。
④ 译者注：读者可参考哥伦布与西班牙国王签署的《圣大菲协定》。

> 在海上历经了两个多月的艰苦航行后，
>
> 他们终于看见了陆地

　　水手们都在抱怨跟着哥伦布没什么好处，并盘算着准备叛变。可在航行时，他们看到了一些令他们感到害怕的景象。有一天，他们看到一颗流星落到了离船队不远的水域，溅起了巨大的浪花。很快，船队驶入了一片水草茂盛的海域，他们将这里命名为萨加索海。第二天早晨，罗盘①失灵了，水手们都惊慌失措。指针胡乱摆动，根本找不到磁极。水手们认为船上被施了黑魔法。即便还是能看到海鸟，他们也平复不了离家越来越远的恐惧。在经历了六个星期的艰苦航行后，10月11日，平塔号上的船员捞起了一些有着人为雕刻痕迹的木条。当天夜里十点左右，哥伦布依稀看到了海岸线上燃起的篝火。他十分肯定他们已经抵达了印度，并许诺第一个发现陆地的水手会得到丰厚的报酬。

---

① 罗盘：即指南针，古代远洋航海中重要的仪器，用于辨别方向。

1492 年 10 月 12 日凌晨两点，美洲大陆被发现了

当天夜里，水手们彻夜未眠。1492 年 10 月 12 日凌晨两点，尼娜号上的水手罗德里格·特里亚纳看到了大陆。谜底揭晓，哥伦布发现了新大陆。可这次伟大的发现连哥伦布本人都不甚了然 [①]。但我们依然对他充满感激：正是他的勇敢与自信，大西洋才得以被人类征服。几百年前古挪威人的勇敢远洋，在多个世纪之后让这些步上后尘的冒险者受益非凡。只是那些古挪威人的事迹在当时的欧洲名不见经传，而且年代太过久远已经失去了应有的价值，这使得那些无知、贪婪而又愚蠢的人总是叫嚣着："你永远不可能成功！"这些人差点让哥伦布的远洋探险化为泡影。哥伦布成功归来，这些人又恬不知耻地将他们曾经无比鄙视的哥伦布捧为勇敢的英雄。对这位享有永恒荣耀的伟大探险家来说，他真正做到了在万众怀疑中坚持自我，在万众欢呼中沉默以待。

---

① 译者注：哥伦布当时以为他发现的是通往印度的航线上的几个小岛。

以西班牙王室的名义，哥伦布宣布了大陆的所有权

当天一大早，哥伦布登陆了。他在海岸边庄严地宣布新大陆归属西班牙王室。

起初，岸上杳无人烟。然而没过多久，一群赤身裸体的野蛮人从树林子里英勇地冲了出来，惊讶地打量着这些不速之客。水手们也愣愣地注视着这些有着深棕色皮肤的人。因为哥伦布认为他们已经抵达了印度，因此他称这些岛上的原住民为"印第安人"。可这些印第安人长相与时常出现在威尼斯港和热那亚港的印度人有所不同。哥伦布干脆就叫他们"红色的印度人"，以此来区别马可·波罗游记中记载的那些黑皮肤的印度人。

野蛮人告诉哥伦布这座岛屿叫瓜纳瓦尼。后来哥伦布将其更名为圣萨尔瓦多。多年以来，我们一直不知道在众多的西印度群岛中，到底哪座才是这个神秘的圣萨尔瓦多岛。现在看来，离北美大陆海岸不远的沃特林岛 ① 应该就是当时他们的登陆点。

几天后，哥伦布的船队又启程了。他先后发现了古巴、圣多明各、伊莎贝拉、斐南迪纳以及圣玛利亚岛 ②。他还在圣多明各岛上构筑了防御工事。

---

① 沃特林岛：巴哈马群岛中的一座岛屿。

② 译者注：这些岛屿均位于今北美加勒比海域。除"古巴"是原住民所起名外，其他岛屿均为哥伦布命名。其中，圣多明各、伊莎贝拉、斐南迪纳均为西班牙君主名。哥伦布以此来感谢西班牙王室对他航海的赞助。圣玛利亚岛之名取自圣母玛利亚（耶稣之母），他期望得到上帝的保佑。

> 哥伦布在圣多明各岛上修筑了一座要塞，这是继托尔芬与勒夫时代[①]以来白人首次在美洲大陆建立据点

修筑要塞的木料取自圣玛利亚号。这艘船搁浅在了海滩上，并被咆哮的海浪拍散架了。船队留下一半的人戍守要塞，剩余的四十四人则平均分配到平塔号和尼娜号。1493年1月4日，船队启程返航。2月18日哥伦布抵达马德拉群岛[②]，3月4日他返回了里斯本。十年前曾无情地否定过哥伦布航海计划的葡萄牙国王如今态度大为改观，他恳请哥伦布留下来。可哥伦布因为急着向西班牙国王汇报他的航海经历，去了帕洛斯城，并在3月15日抵达那里。接着，他启程前往巴塞罗那，斐迪南国王和伊莎贝尔女王恰好在那里短暂停留。

哥伦布攀上了事业的巅峰。他昂首阔步地走在庆祝胜利的游行队伍前列，水手们则在队伍中向人们展示着来自异乡的土特产。最有趣的是，有一群印第安人跟随哥伦布来到了欧洲并皈依了基督教。

这次远洋探险取得了巨大的成功。热那亚贫民的儿子在西班牙受到了王公贵族般的礼遇。

[①] 译者注：托尔芬与勒夫为古挪威人，曾在哥伦布发现新大陆前四百多年便远洋探索过今加拿大的新斯克迪亚地区，并在那里建立了聚集点。

[②] 马德拉群岛：位于北大西洋，葡萄牙西偏东洋面。

所有人都愿意追随哥伦布开启第二次远洋

很快，哥伦布就组织了第二次远洋。1493 年 9 月 24 日，哥伦布率领三艘巨型帆船和十五艘轻型帆船启程，向西印度群岛①进发了。人人都希望在黄金之国②大发横财。

11 月上旬，船队抵达北美海域。他们在那里发现了几个新的岛屿，并发现了哥斯达黎加海岸。不幸的是，圣多明各岛上的据点被印第安人摧毁，驻守士兵全部殉难。更糟糕的是，人们发现这里并非之前想象的那样遍地黄金。相反，大家为了生存下去而必须努力干活。不久，西班牙人与印第安土著爆发了战争。获胜一方当然是西班牙人。可正因为战争，西班牙人失去了印第安土著的信任，他们试图将这里的原住民成批贩卖到欧洲当奴隶的阴谋也落空了。

---

① 西印度群岛：位于北美洲墨西哥湾与加勒比海之间。
② 译者注：中世纪的欧洲人认为在西印度群岛能掠夺大量黄金。

> ### 1498 年，哥伦布抵达美洲大陆，
> ### 这是他的第三次远航

第二次远洋并不成功，人们对待哥伦布也没有了以前的那种热情。哥伦布感到极度疲累，时常失眠，于是返回了家乡，偶尔驾船出海探索那些未知的海域。这样过了两年，哥伦布才准备好开始新的征程。他率领六艘帆船先到达佛得角群岛①，然后从那儿开始横穿大西洋。三个星期后，哥伦布看到了陆地。这一天是 1498 年 7 月 31 日。哥伦布以为他又发现了一些新的岛屿，可事实上，他发现的是美洲大陆。第二天，哥伦布在委内瑞拉登陆了。

随后，哥伦布出发前往西印度群岛的西班牙殖民地。这里的情况已经变得非常糟糕。哥伦布是一位伟大的航海探险家，可他并非一位优秀的殖民地统治者。他不得不面对许多棘手的问题。那些追随哥伦布横穿大西洋的水手可不像现代的美国移民，他们是纯粹的亡命之徒。他们热爱哥伦布的原因是以为他能给他们带来财富。然而事与愿违，这里可没什么金银财宝。水手们开始抱怨哥伦布："他怎么就只发现了这些贫瘠的荒岛呢？"

---

① 佛得角群岛：位于非洲外海，葡萄牙人在 1456 年发现这里，并将其建设成一座海港。当时这里是非洲黑奴贸易的重要港口。

> 当时有许多人前往美洲大陆碰运气，可一无所获。海军元帅被冠以许多莫须有的罪名并被戴上了镣铐

　　那些对哥伦布不满的冒险者天天围着西班牙的国王和女王说他的坏话，编织一些莫须有的罪名。起初，国王陛下并不相信这些人。可当新的殖民地也没能带来财富收益时，国王和女王夫妇对哥伦布失去了耐心。他们派遣了一个官员前往北美洲，传唤海军元帅返回西班牙述职。这个叫博巴迪拉的官员是个彻头彻尾的蠢货。他本来只需要转述国王的命令，可他却自作主张地给海军元帅和他的两个弟弟戴上了镣铐。在返航途中，忠实的船长瓦莱霍本想打开镣铐，可哥伦布拒绝了他的好意。曾经伟大的新大陆发现者戴着手镣脚铐屈辱地返回了西班牙。女王伊莎贝尔受不了她最忠实的仆人受到如此侮辱。她为哥伦布恢复了名誉。哥伦布甚至在 1502 年还出过一次海。然而，曾饱受折磨的哥伦布对这个肮脏的世界充满了厌倦。1506年 5 月 29 日，哥伦布在巴利阿多利德^①逝世。直到去世，哥伦布都保留着那副镣铐。镣铐被人们装进一个小橱柜与他的尸体一同火化。哥伦布死后也不得清静，他的遗骸被人总共挪动过五次，最后一次是在 1898 年，西班牙内战以后，人们将他的遗骸从哈瓦那^②送到了塞维利亚^③重新埋葬。

---

① 巴利阿多利德：位于西班牙中部的城市。
② 哈瓦那：古巴首都。
③ 塞维利亚：西班牙的一座城市。

1497 年，意大利旅行家卡波托发现了纽芬兰岛 ①

　　西班牙人的航海发现迅速传遍欧洲大陆。布里斯托尔 ② 的一位意大利人对此很感兴趣。他叫乔瓦尼·卡波托，出生在热那亚，在威尼斯长大，后来移居英格兰。这位约翰·卡波托 ③ 见识非凡。他曾去过阿拉伯半岛 ④，深知如果能找到欧洲前往亚洲的最短航线，便能获得巨大收益。他说服了亨利七世 ⑤ 并获得了资助。1496 年，卡波托带着儿子塞巴斯蒂安驾驶马修号帆船出海了。马修号在向西航行七个星期后，看到了陆地。这里是一座小岛，今天我们称之为布雷顿角岛 ⑥。在岛上他们没能找到黄金。在随后几年里 ⑦，卡波托父子陆续发现了纽芬兰岛、新斯科舍以及当年（11 世纪）古挪威人曾抵达过的北美海岸。然而，这些勇敢的意大利航海家并未能发现西印度群岛。后来，塞巴斯蒂安·卡波托终其一生都在发展海上贸易，并垄断了与俄罗斯的商业往来。事实证明，同没什么前途的新大陆野蛮人相比，与莫斯科人做生意更有利可图。

---

① 纽芬兰岛：今加拿大东北部。

② 布里斯托尔：英格兰西部港口，中世纪欧洲的航运中心之一。

③ 译者注：乔瓦尼·卡波托是意大利语，在英语中，人们称他为约翰·卡波托。

④ 阿拉伯半岛：世界第一大半岛，位于亚洲、欧洲和非洲之间的战略要冲，自古就是亚洲与欧洲通商的重要通道。

⑤ 亨利七世：全名亨利·都铎，是英国都铎王朝的建立者。

⑥ 布雷顿角岛：位于加拿大东南部海域。

⑦ 译者注：根据史料记载（一位布里斯托尔商人的信件），卡波托父子的第一次航行只有一艘船，海上补给不足，而且遇到了恶劣天气，因此很快返航。他们于第二年重新出海。

在纽伦堡 ①，生活着许多著名的地理学家

　　在许多勇士冒着生命危险出海寻找前往西印度群岛的航线时，另有一些人进行着一些没什么危险、但对地理学发展同样有意义的工作。德国巴伐利亚州古老的城市纽伦堡，便是地图制作与天文观测仪加工中心。

　　如果有机会去欧洲的话，一定要到纽伦堡。今天的纽伦堡与中世纪相比没有太大变化。房屋大都建有三角形拱顶，并绘制得五彩缤纷。城市的山顶矗立着一座古老的城堡，这里曾是神圣罗马帝国 ② 皇帝的居所。帝国灭亡后，这座城堡一直归霍亨索伦王室 ③ 照管。如今，霍亨索伦家族在德意志帝国 ④ 依然影响巨大。彼得·菲舍尔、阿尔布雷希特·丢勒以及亚当·克拉夫特 ⑤ 都曾在纽伦堡生活，因此在城市的教堂里存放着许多精美的雕塑和油画。这里是中世纪欧洲的雕塑、木刻以及其他所有精致艺术品制作中心。中世纪的纽伦堡人懂得如何制造包括钟表在内的各种精密机械化仪器。这里有太多可以学习的知识，纽伦堡成为了当时著名的商品集散地。来自世界各地的人们汇聚到这里购买书籍和各类精密仪器。

　　今天，它是所有木质小兵或小锡兵的生产地。

---

① 纽伦堡：德国东南部城市。
② 神圣罗马帝国：全称德意志神圣罗马帝国，是公元 10 ～ 19 世纪横跨西欧和中欧的封建君主制国家。德国人在历史书中称其为"德意志第一帝国"。后来希特勒建立的纳粹德国正是与其相呼应，称"德意志第三帝国"。
③ 霍亨索伦王室：即德国普鲁士王室，存在于公元 1701 ～ 1918 年。
④ 译者注：即历史上的"德意志第二帝国"。房龙著本书时该帝国并未灭亡。
⑤ 译者注：三人均为中世纪在纽伦堡生活的雕刻家与绘画大师。

> 博学的地理学家瓦尔泽缪斯建议以探险家
> 阿美利哥·维斯普西的名字来命名新大陆①

　　纽伦堡居住着著名的天地学家马丁·贝海姆②，他曾随葡萄牙船队沿非洲海岸航行过几次，之后在老家定居以绘制地图为生。他有一位同事兼朋友名叫马丁·瓦尔德泽米勒。这位瓦尔德泽米勒为自己取了一个拉丁名字，自称瓦尔泽缪斯。他在1507年绘制出版了一幅由十二张全开纸拼成的大型世界地图以及一个直径110毫米的地球仪。当他绘制航海家新发现的大陆和岛屿时，他拿不准到底为这些地方取什么名字。他本可以以哥伦布的名字来命名，但哥伦布虽然是位优秀的航海家，却并非一位出色的作家。相反，佛罗伦萨人阿美利哥·维斯普西出版的专著，描述了许多关于新大陆的趣闻。维斯普西曾是一名商人，后来放弃了自己的生意转而投身于航海探险，并出版了一系列讲述他航海故事的丛书。为了表达对维斯普西的敬意，瓦尔德泽米勒决定以"阿美利哥"（Amerigo）来命名新大陆。他将这个名字以拉丁语书写，变成了"America"。这个名字一直沿用至今。

① 译者注：1500年，意大利航海家阿美利哥·维斯普西发现了南美洲长达1200公里的海岸线，于是他推测这里是一块新大陆，而非哥伦布认为的岛屿。
② 马丁·贝海姆：世界上第一位地球仪制作者。

1513 年，巴尔沃亚在达里恩山的顶峰望见了太平洋

大家应该听过哥伦布竖鸡蛋的故事。当这位伟大的热那亚人完成了横渡大西洋的壮举后，人们将他视为英雄。葡萄牙人企图先一步前往新大陆捞取胜利果实，引起了西班牙人的不满。两国爆发了冲突。教皇索性定下规矩：哪国开发的航线便归哪国所有。葡萄牙人这次占了巨大的便宜，他们早已开发了由好望角通往印度的航线，因此他们垄断了这条航线上的海上贸易。而西班牙人只好前往新大陆寻求机会。他们沿着新大陆的海岸线一点点地探索，希望找到一条穿越大陆通往中国或古日本的航线。其实当时的西班牙人已经发现了巴拿马地峡，可他们嫌麻烦，没有认真探索这片地域[①]。直到 1513 年，瓦斯科·努涅斯·德·巴尔沃亚率领一支探险队向西横穿达里恩山[②]。在高高的峰顶，他看到了一大片水域，巴尔沃亚由此发现了太平洋，为地理学的发展做出了巨大的贡献。只是，可怜的巴尔沃亚没有因此获得任何好处。当时他被西班牙国王任命为那里的行政长官，可好景不长，1517 年他被指控叛国。其实他是被冤枉的。还没等到为自己辩护的机会，巴尔沃亚就被宣判了死刑。

[①] 译者注：巴拿马地峡位于南北美洲之间，是美洲大陆最狭长的地域，也是从大西洋通往太平洋的最佳位置。

[②] 达里恩山：位于巴拿马地峡西部。

1520年，一位名叫麦哲伦的葡萄牙人穿过麦哲伦海峡[①]进入太平洋

我们生活的这个时代有一点是我不喜欢的：除了天上的星星以外，地球上已经没有什么地方是人类没有探索到的了。如果生活在15世纪上半叶该是多么美好啊！那个年代绘制的地图只不过潦草地标注了一些水手们发现的地域，还有大片标注着"未知地域"的白纸留待人们去探索。你可以尽情想象在那些未知地域上生活着的野生动物、野蛮人甚至大怪兽到底是什么模样。再者，如果你精通地理学的话，还可以从别人的文献资料中推断出那些本来就存在可没有被发现的山川、河流和海洋。更有甚者，如果能说服某位贵族或商人出资赞助的话，还有机会亲自率领一支远洋舰队出海探索那些未知的地域。斐迪南德·麦哲伦便是这样一位幸运儿。他是一位葡萄牙航海家，并在东印度群岛待过许多年。1519年，他率领五艘帆船从西班牙出海，希望找到一条新的航线通往印度。船队沿巴西和阿根廷海岸线向南一路行驶。在美洲大陆南端的崇山峻岭间，他发现了一条狭长的海峡。几经尝试，船队穿越海峡，抵达了一片平静的水域[②]。他将这里称之为"平和之海"，即太平洋。随后，船队乘着太平洋上的西风一路航行至菲律宾群岛。1521年，麦哲伦在一次与当地土著人的战斗中身亡。不过，其中一艘船最终返回了西班牙。这是人类历史上第一艘完成了环球之旅的帆船。

[①] 麦哲伦海峡：位于南美洲最南端。葡萄牙航海家麦哲伦首先穿越这里进入太平洋，故得名。

[②] 译者注：麦哲伦当时发现的这条海峡便是麦哲伦海峡，海峡内处处是荒岛礁石，常年多雾寒冷，而且风浪很大，非常不利于船只航行。就16世纪的航海技术而言，穿越海峡是非常不容易的事情。

> 1616 年，荷兰航海家斯考滕和勒梅尔抵达了南美
> 大陆最南端，发现了合恩角 [1]

　　麦哲伦在穿越海峡的时候曾发现航线的南边还有一片陆地，可他未曾登岸一探究竟。1526 年，西班牙航海家何塞西绕过麦哲伦海峡继续向南沿海岸航行。途中，他发现陆地上有印第安人燃起的篝火，于是将这里命名为火地岛。至此，人类终于探索完南美洲的海岸线。不久以后，西班牙人联合荷兰人从葡萄牙人手中夺取了印度香料的海上贸易垄断权。他们成立了荷兰东印度公司。这个公司专门负责经由非洲好望角通往印度的海上贸易。根据麦哲伦与何塞西的航海发现，一位荷兰商人决定再开发一条前往印度的新航线。他出资建造了两艘船并聘请斯考滕和勒梅尔为船长，请他们前往美洲大陆最南端开发新的贸易航线。1616 年，船队沿火地岛绕过合恩角，穿越太平洋抵达印度。

　　值得一提的是，船队差点还发现了澳洲大陆。不过这片大陆直到二十六年以后才被阿贝尔·塔斯曼 [2] 揭开了神秘面纱。他奉荷兰东印度公司之令前往探索南方的陆地，最终找到了澳洲大陆。

---

[1]　合恩角：位于火地岛的最南端，是荷兰航海家斯考滕以自己家乡的名字命名的。

[2]　译者注：荷兰人阿贝尔·塔斯曼从雅加达出发向南，发现了塔斯马尼亚岛和新西兰岛。在返航途中还发现了汤加和斐济。只是，他并不知道自己已经环澳大利亚航行了半周。

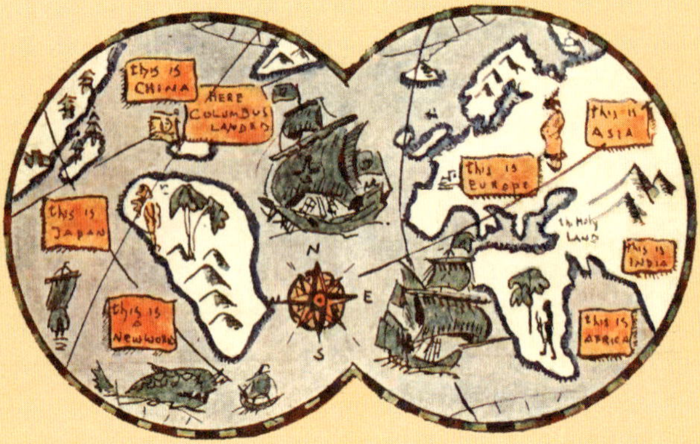

this is CHINA
HERE COLUMBUS LANDED
this is JAPAN
this is a New World
N
E
S
this is Europe
this is ASIA
the Holy LAND
this is INDIA
this is AFRICA

第六章

深入美洲新大陆

> 1517 年，科多瓦 ① 发现了玛雅人的故乡尤卡坦半岛 ②

　　总的来说，新大陆的发现令人感到失望。这里的土著居民对外来者并不友好，而且生活习俗与白种人格格不入，也没有之前想象中那样遍地黄金——从欧洲去的移民必须努力工作才能生存。更加不幸的是，西班牙人只顾着在美洲艰难传播基督教，反而错失了许多伟大的发现。以玛雅文化为例，1517 年科多瓦发现了尤卡坦半岛。这里孕育了伟大的玛雅文明。玛雅人建造的寺庙之宏伟，堪比埃及或是亚洲的建筑；他们也是伟大的天文学家，对日月星辰的理解要比当时的欧洲人深刻得多；他们创造了复杂的数学体系，并且保存着自己种族的历史记录。可惜的是，西班牙人并不认同这些异教徒 ③ 的智慧，将玛雅祭司们的呕心沥血之作统统付之一炬。如今，仅凭幸存的少量历史手稿，科学家们很难再解开伟大的玛雅文明之谜。至于玛雅人的后代，他们如今仍然居住在尤卡坦半岛，现在这里是墨西哥的一个行省。今天的玛雅人后代早已淡忘了祖先传承下来的语言和宗教文化。如果你有兴趣，可以找一家图书馆，借几本印有玛雅天文历法图的书。这些图案充满迷人的魅力，说不定你能从中解开玛雅之谜呢。

---

① 科多瓦：古巴冒险家，他在一次出海掠取奴隶的远征时发现了尤卡坦半岛。
② 尤卡坦半岛：位于墨西哥湾，从地图上看，是中美洲向东北方向的突出部分。
③ 译者注：在当时的欧洲人看来，不信上帝的人都是异教徒。

1521 年，科特斯征服了墨西哥城

　　在早期美洲大陆的西班牙殖民地当中，有一位执政官名叫奥兰多。1504 年，他收到了来自表弟赫尔南多·科特斯的邀请。这个年轻人曾是西班牙国王的近侍，并且参加过 1511 年征服古巴的远征军。几年后，西班牙人发现了一块新大陆，命名为新西班牙，也就是现在所说的墨西哥。1518 年，科特斯率领一支由七艘战舰组成的远征军，准备进攻这片刚发现的陆地。在普雷斯科特先生所著的《征服墨西哥之战》中，描述了这起著名的历史事件。起初，阿兹特克人①友好地接待了科特斯，并允许他前往他们的首都特诺奇提特兰城②。不过当科特斯露出他那狰狞的面目后，双方反目成仇。科特斯被赶出了特诺奇提特兰。在科特斯的军队几乎被赶尽杀绝之际，却峰回路转，科特斯俘虏了阿兹特克的国王蒙特苏马，并谋害了他。1520 年，在围城长达三个月之后，科特斯拿下了特诺奇提特兰。他摧毁了印第安人的建筑群，重新修筑了一座西班牙风格的城市，将之命名为墨西哥城。之后很多年他一直是这里的执政官，1536 年他还发现了南加州③。

　　至于幸存的阿兹特克人，他们目前仍生活在墨西哥，大都是贫穷的农民或体力劳动者。古阿兹特克文明其实非常残忍，他们有在高山祭坛上屠杀战俘的传统。虽然白人带来的新文明显得优雅一些，却不能让他们的生活变得幸福。

---

① 阿兹特克人：中美洲印第安人的分支，大约 12 世纪中叶占领墨西哥，并建立了属于自己的文明。
② 特诺奇提特兰：阿兹特克人的首都，墨西哥城就建筑在这座遗迹之上。它是著名的人工岛。
③ 南加州：即美国加利福尼亚州南部。习惯上，人们把旧金山为核心城市的地区称为北加州，以洛杉矶为核心城市的地区称为南加州，这里与墨西哥接壤。

> # 皮萨罗征服了秘鲁，从印加人 ① 的坟墓里偷盗黄金

秘鲁历史上也发生过类似于墨西哥被征服和破坏的故事。弗朗西斯科·皮萨罗是一位在欧洲备受尊敬的战士，可在南美洲却受到了土著居民们恶毒的诅咒。他曾追随巴尔沃亚穿越巴拿马地峡。1524年，皮萨罗从巴拿马出发，向南沿海岸线探索未知海域，可一无所获，于是他返回了西班牙。1531年，他开启了第二次远洋探险。皮萨罗在秘鲁海岸登陆，随后他发现当地土著印第安人部族间竟然爆发了内战，战争双方分别是阿塔瓦尔帕和他兄弟瓦斯卡的部落 ②。皮萨罗充分利用了这次兄弟阋墙的好机会，征服了秘鲁全境并成为这个新殖民地的执政官。可他在执政期间不得人心，1541年他被自己人给谋杀了。皮萨罗在秘鲁犯下了滔天大罪，几乎毁灭了整个印加文明。从11世纪开始，在随后的五百年岁月间，印加人创造了一个辉煌的庞大帝国。他们懂得如何建造城市，凭借粗糙的工具和天然的石料所建造的城墙和房屋能为他们遮风挡雨；在许多艺术类领域他们也取得了了不起的成就，甚至能像古埃及人一样为死去的人制造木乃伊。这些木乃伊都是纯金包裹，上面刻满了死者生前的事迹。那些早期的殖民者对死毫不尊重，他们砸碎木乃伊并盗走了黄金。

---

① 印加人：生活在南美洲的古印第安人。印加文明主要集中在秘鲁。

② 译者注：阿塔瓦尔帕与瓦斯卡是同父异母的兄弟，他们的父亲是印加帝国的国王。国王去世后将王位传给了瓦斯卡。后来阿塔瓦尔帕发动了内战，并击败了瓦斯卡，成为印加帝国的最后一位国王。

1539 年德·索托尝试寻找另一个黄金之国，
1542 年他死于伤寒并被葬在了密西西比[①]

墨西哥和秘鲁两个殖民地为西班牙王室带来了丰厚的收益。因此，有许多冒险家期望能找到另一个黄金之国，从而发家致富、扬名立万。其中一位名叫费尔南多·德·索托。他曾跟随皮萨罗征服秘鲁并积累了大量财富。他带回欧洲的黄金让当时的西班牙国王查尔斯五世目瞪口呆。当他向国王申请继续寻找新的黄金宝地时，国王欣然应允。德·索托个人出资雇佣了一队远征军，于 1539 年出海前往佛罗里达[②]。这次远征简直糟糕透顶。德·索托计划花几年时间穿越北美大陆的南部。一路上，他们只发现了一片片长着仙人掌的沙漠，以及一条大河，印第安人称之为密西西比河。最终，德·索托没有找到任何黄金。他的追随者们很多病死或者累死，还有的死于印第安人的袭击之下。德·索托自己也为贪婪付出了代价。1542 年，德·索托死于伤寒，长眠在密西西比那条印第安人打扰不到的大河里。最终仅有很少的队员回到了墨西哥城。这是欧洲人历史上为数不多的灾难之旅。

① 密西西比：美国密西西比州，位于墨西哥湾北部，密西西比河东岸，曾是印第安人的主要聚居地之一。
② 佛罗里达：美国东南部突出的半岛，临墨西哥湾与大西洋。

> 与此同时，德·科罗拉多探索了墨西哥北部地区，在 1542 年他发现了普韦布洛①印第安人

此时距哥伦布首次横渡大西洋已经过去了半个世纪。世界地图上的几乎所有大河以及空白区域都已经被航海家们勾勒得像模像样。唯独通往中国的航线还未被找到。当然，这条航线并不存在。当时，人们唯一的选择是沿着巴尔沃亚所发现的巴拿马地峡继续前行。

在此，稍微描述一下本书少有提到的陆上探险的情况：1542 年，德·科罗拉多发现了普韦布洛印第安人。随后法国探险家在北美大陆发现了一些内陆湖、瀑布以及大平原②。至此，大航海时代基本结束。

---

① 普韦布洛：西班牙语，意为"村落"。西班牙冒险家发现了一支印第安人部落，并将其命名为普韦布洛人。他们主要居住在今美国亚利桑那州和墨西哥州的沙漠地区。他们是印第安人中少有的以农耕为生的部落。

② 译者注：这里主要指北美大陆的五大湖以及美国中部的大平原。

1609 年，亨德里克·哈德森驾驶着"半月号"帆船发现了哈德森河 ①

哈德森河作为北美大陆的一条大河，最终被亨德里克·哈德森所发现。他最初在白海 ② 与俄罗斯人做海上贸易，17 世纪初的头几年还曾在荷兰商人的船队工作过。1607 年，他开始着手研究西北通道 ③。他未能成功开发出这条航线，却在 1609 年发现了一条宽阔的大河。此后他返回家乡，并向人们讲述他的冒险经历。1610 年他又重新出海，继续调查连通西北的这条航线。这一次他发现了哈德森湾 ④。后来英国人组建了哈德森海湾公司，以哈德森湾为贸易中心做毛皮贸易。不过，亨德里克继续向西探索的计划却因水手们的罢工而终止。

---

① 哈德森河：位于美国纽约州境内，是纽约州的经济命脉，全长五百多公里。
② 白海：北冰洋深入欧洲俄罗斯陆地部分的水域被称为白海。
③ 西北通道：沿北美洲北部通过北冰洋航行驶往欧洲的航线。
④ 哈德森湾：位于北冰洋的边缘海，伸入北美大陆的海湾。位于加拿大东北部。

1611 年，亨德里克·哈德森在寻找西北通道的
航海中，不幸命丧哈德森湾

　　哈德森曾一度坚持探索环境恶劣的北大西洋未知海域，因此招致水手们的不满。在一次海上探索时，哈德森的儿子以及另外七名追随者与他一起，被放逐到了一条小艇上。

　　在寒冷的北冰洋，他们无一幸免。

　　这起事件在地理大发现的历史上显得微不足道，但我却想缅怀一下。在哈德森的最后时刻，只有天上的星辰与无尽的海浪陪伴着他。哈德森是问心无愧的。绝大多数探险家和他一样，为人类的进步做出了巨大贡献，却从不求任何回报。

　　愿上天保佑这些在人类各个领域的发展中做出过巨大贡献的先贤，因为他们曾遭受过的痛苦和磨难，远超那些活得碌碌无为的人。而且，这份苦难似乎正是他们一贯的宿命。

> 1584 年，沃尔特·雷利爵士带着约两百名随从建立了弗吉尼亚殖民地，并带回了烟草①

　　沃尔特·雷利爵士（1552～1618 年）的故事同样不幸。尽管他对英国女王伊丽莎白一世忠心耿耿，并且曾为自己的祖国赢得过巨大的荣耀，却逃不过女王继任者的记恨——詹姆斯一世借着西班牙国王的名义将他处以极刑②。年轻时的沃尔特还在牛津大学深造过，因为在那个年代，一位真正的绅士必须文武双全。

　　沃尔特·雷利远征过西印度群岛，击败过西班牙舰队，并在其他许多海域统领过英国军队。据说沃尔特·雷利首先将烟草带回欧洲。其实不然，很早以前西班牙人就曾将这种印第安人种植的烟叶从墨西哥运回了西班牙。约翰·霍金斯爵士③曾将烟草带回英格兰，可英格兰人对这种奇怪的植物敬而远之。后来因为沃尔特爵士喜欢抽烟，才使得烟斗在上流社会流行起来。

　　吸烟的习惯在欧洲其他国家并不盛行。多年以前，人们仅仅将烟草作为药物的一种来使用。可后来吸烟逐渐成为人们的一种日常娱乐方式。我们应该禁止青少年吸烟，这不利于孩子们的健康成长。

---

① 译者注：沃尔特·雷利是效忠英女王伊丽莎白一世的海盗。他从美洲大陆返回欧洲时，带回了如今人类最不健康的日常消费品——烟草，并在自己的花园里种植。
② 译者注：伊丽莎白女王的继任者是詹姆斯一世。沃尔特·雷利曾公开反对詹姆斯继任英国国王，从而受到詹姆斯的记恨。1616 年，国王假释了他，并让他前往圭那亚发掘金矿，但不得侵害西班牙人的利益（当时英国与西班牙是盟国）。结果沃尔特在那里一无所获，而且手下还放火烧掉了一个西班牙人的聚居点。于是国王判处了沃尔特·雷利死刑。
③ 约翰·霍金斯爵士：英国著名航海家、海盗、奴隶贩子，曾是伊丽莎白时代重要的海军将领。他任海军财务官及给养官时，改革了英国舰队，这是英国能够战胜西班牙无敌舰队的重要原因。

> 1607 年，英国人在北美大陆建立了第一个永久性
> 白人定居点——詹姆斯敦 ①

在北美大陆，詹姆斯敦定居点的建立是历史上最有意思的事情之一。

据说在此之前，沃尔特·雷利爵士也曾在弗吉尼亚建立过小村落，可我们至今找不到关于这个村庄的任何蛛丝马迹。

詹姆斯敦最初是修筑在詹姆斯河的一个小半岛之上的，至今还留存着当年的遗迹。我不想对这个故事有过多的描述，毕竟我主要想讲述航海大发现的故事。当然，许多读者对这个故事也早已耳熟能详。

---

① 　译者注：1606 年底，3 艘英国帆船从伦敦起航向西驶往新大陆。船上共 150 人，他们带着英国国王詹姆斯一世的特许状前往新大陆寻找黄金，以及探索通往富裕的东方的航线。这些殖民者将当地一条河流以英国国王的名字命名为詹姆斯河，定居点就叫詹姆斯敦。整个新殖民地被称为弗吉尼亚，意思是"处女之地"。

> 随后，荷兰西印度公司建立了新阿姆斯特丹 ①

　　新阿姆斯特丹定居点的建立与航海大发现的历史并无关联。我只是想讲讲我家乡人的事迹而已 ②。荷兰人大都是精明的商人，他们从世界各地掠取各种商品，贩卖到欧洲各国。经过八年的海战，荷兰东印度公司 ③ 击败了西班牙舰队，成就了海上霸主地位。东印度公司的成功，促使一群荷兰商人组建了西印度公司，目的是在美洲大陆建立贸易据点。他们在哈德森河的入海口修筑了要塞、教堂和风车。这里被他们冠以荷兰首都之名——新阿姆斯特丹。这座小城很快就发展成与印第安人之间的皮货贸易中心。可荷兰人并不愿意移民到这里。荷兰总人口仅 150 万，国内的农场主们根本不会放弃家乡丰衣足食的生活，前往新阿姆斯特丹与野蛮的印第安人比邻而居。后来英国人曾突袭过这里，再后来荷兰舰队又抢占了回来。经过谈判，英国人将南方的一块甘蔗种植园作为交换，最终占领了新阿姆斯特丹。这简直就是一笔愚蠢的买卖。不过话又说回来，17 世纪的荷兰人怎么会猜到，他们建造的小村庄最后发展成了举世闻名的纽约城呢？

---

① 新阿姆斯特丹：一位荷兰人花了价值大约 24 美元的布料和珠子，从一个印第安人手里购买了曼哈顿岛，并将之命名为新阿姆斯特丹。后来人们改名为纽约。

② 译者注：作者房龙为荷兰裔美国人，故有此一说。

③ 荷兰东印度公司：17 世纪荷兰商人联合建立的一家航海贸易公司。这家公司具备国家职能，可以自行发行货币、组建佣兵军队。这家公司垄断了欧洲与东方的海上贸易。

> 再后来，一群清教徒建立了波士顿城①，
> 并在城中的小山上树起了高高的灯塔

荷兰共和国政府给予人民高度的自由，并收留了许多在家乡遭受迫害的外国人，这也是荷兰人不愿意离开家乡的重要原因之一。这一点与英格兰大不相同。英格兰教会的主教们蛮横专制，与之意见相左而且受到迫害的清教徒们大都逃亡到了荷兰和北美洲。比如，曾经有一队造访过荷兰的清教徒前往北美洲建立了普利茅斯殖民地②。

在所有英国殖民地中，最为著名的是马萨诸塞。清教徒在这里围绕着高高的航海灯塔③，建立了一座繁荣的城市。这座高高的灯塔能为从英国驶来的船只指明港湾的位置。我对这些清教徒所创造的伟大历史知之甚详，可作为一名外国人为你们讲述他们的历史显然不太合适④。

---

① 译者注：清教徒起源于英格兰，他们只承认《圣经》为典范，反对国王与主教们的专制，提倡简约清洁的生活方式。由于受到迫害，大部分清教徒逃亡至美国，其中波士顿是他们最早建立的城市。

② 译者注：1620 年，五月花号载着 102 名英国人在北美登陆，其中大多数是清教徒。在度过漫长的冬天后，于第二年建立了普利茅斯殖民地。

③ 灯塔：为海上航行的船只指明方向的建筑物。

④ 译者注：清教徒对英国严酷的社会现状不满而移民美国，他们希望按照自己的意愿信奉上帝，创造一个乌托邦式的重视伦理和精神生活并极端民主共和的社会模式。这些思想奠定了今天美国主流文化的价值观念的基础。作者在此反复强调"高高的灯塔"其实是暗指清教徒思想为源源而来的美国移民们点亮了生活的道路。

为了后代的教育，清教徒们于 1636 年
建立了哈佛大学 ①

许多年以来，清教徒的后代们都在哈佛大学努力读书。我画这幅图只是为了纪念当年我也曾在此学习的经历。我的耐心与勤奋，使我逐步掌握了绘画的技巧。

---

① 译者注：建造波士顿城的清教徒们大都曾在牛津或者剑桥大学接受过古典高等教育，为了让子孙后代也能接受这样的教育，他们建立了大学。马萨诸塞殖民地议会为纪念和感谢约翰·哈佛牧师对大学的慷慨资助，将学院命名为"哈佛学院"。

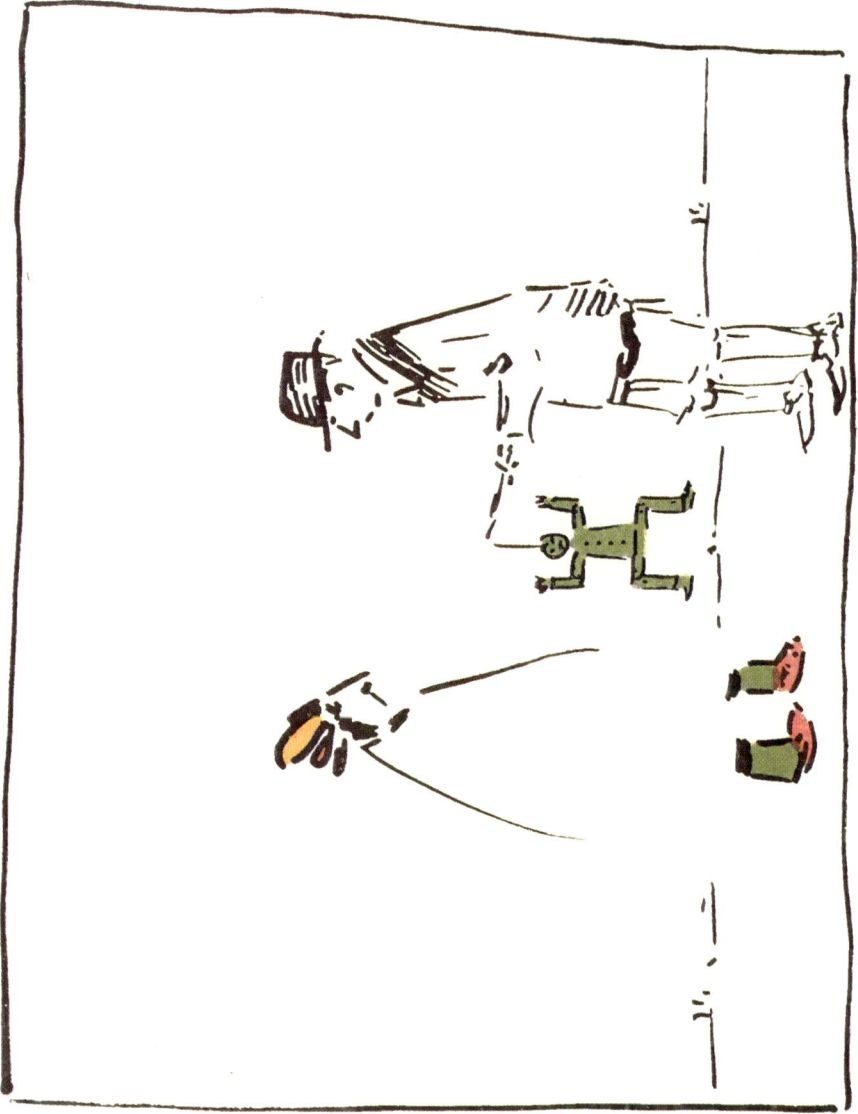

> # 1682 年，小威廉·佩恩被英国王室赐予
> # 宾夕法尼亚的一大片土地①

　　这是本书的最后一幅图了。这幅图也与航海历史没有多大的关系，因为可敬的威廉·佩恩根本不是一个探险家。探险家们的目的地都是未知的，而小威廉的目的却非常明确——他希望能建立一个自由民主的殖民地。在国王赐予他这片广阔的土地后，他漂洋过海来到了北美大陆。在这里，他与印第安人交朋友，并建造了费城②。

　　当然，我肯定不会啰啰嗦嗦地讲述在费城发生的伟大历史事件。如果你连与《独立宣言》有关的历史都不知道的话，那真应该去翻翻相关的书哦③。

　　而我本人则非常感谢小威廉·佩恩，因为他修建的城市是我的出版商居住的地方。

---

① 译者注：英国历史上曾有一对同名父子，父亲老威廉是海军上将，儿子小威廉是宾夕法尼亚殖民地的开创者。小威廉是贵格会成员，崇尚自由和民主。贵格会是追求更加公正和纯洁的教会，蔑视传统和权威。这一教派在英国遭到迫害。1681 年，英国国王查理二世将北美洲最后一片未被分配的肥沃土地赐予小威廉，这既偿还了国王拖欠佩恩家族的巨额债务，又将国王和主教们讨厌的贵格会成员赶出了英格兰。1682 年开始，大批贵格会成员以及一些其他欧洲国家的移民开始移民宾夕法尼亚。

② 费城：别名"友爱之城"，位于美国宾夕法尼亚州。在华盛顿特区建立前是美国首都，具有非常重要的历史地位。

③ 译者注：1776 年 7 月 4 日，北美洲 13 个英属殖民地代表在费城举行第二次大陆会议，颁布了《独立宣言》，宣告自大不列颠王国中独立出来。这一天成为美国的独立日，这就好比我们国家的国庆节。